仮名のハングル表記

かな		ハングル				
ア イ ウ エ オ		아	이	오	우	에
カ キ ク ケ コ	語頭	가	기	구	게	고
	語中・語末	카	키	쿠	케	코
ガ ギ グ ゲ ゴ		가	기	구	게	고
サ シ ス セ ソ		사	시	스	세	소
ザ ジ ズ ゼ ゾ		자	지	즈	제	조
タ チ ツ テ ト	語頭	다	지	쓰	데	도
	語中・語末	타	치	쓰	테	토
ダ ヂ ヅ デ ド		다	지	즈	데	도
ナ ニ ヌ ネ ノ		나	니	누	네	노
ハ ヒ フ ヘ ホ		하	히	후	헤	호
バ ビ ブ ベ ボ		바	비	부	베	보
パ ピ プ ペ ポ		파	피	푸	페	포
マ ミ ム メ モ		마	미	무	메	모
ヤ ユ ヨ		야		유		요
ラ リ ル レ ロ		라	리	루	레	로
ワ ヲ		와				오
ン ッ		ㄴ				ㅅ
キャ キュ キョ	語頭	갸		규		교
	語中・語末	캬		큐		쿄
ギャ ギュ ギョ		갸		규		교
シャ シュ ショ		샤		슈		쇼
ジャ ジュ ジョ		자		주		조
チャ チュ チョ	語頭	자		주		조
	語中・語末	차		추		초
ニャ ニュ ニョ		냐		뉴		뇨
ヒャ ヒュ ヒョ		햐		휴		효
ビャ ビュ ビョ		뱌		뷰		뵤
ピャ ピュ ピョ		퍄		퓨		표
ミャ ミュ ミョ		먀		뮤		묘
リャ リュ リョ		랴		류		료

積み重ね式
韓国語総合

初級

金東漢 著

白帝社

WEB上での音声ファイルダウンロードについて

● 『積み重ね式 韓国語総合初級』の音声ファイル(MP3)を無料でダウンロードすることができます。

「白帝社」で検索、または下記サイトにアクセスしてください。

http://www.hakuteisha.co.jp/audio/kankokugosougou1.html

● 本文中の ⬇ マークの箇所が音声ファイル(MP3)提供箇所です。

ご注意

＊ 音声の再生には、MP3ファイルが再生できる機器などが別途必要です。

＊ ご使用機器、音声再生ソフトに関する技術的なご質問は、ハードメーカー、ソフトメーカーにお問い合わせください。

まえがき

　積み重ね式の本テキストは、「初級」と「中級」の2冊からなっています。

　「初級」の第1部には、韓国語を表記する際に用いる文字であるハングルについての簡単な説明を始め、二つ以上の文字が並ぶときに起きる発音の変化のルールと、その他の注意すべき発音もまとめて書いてあります。日本語を母語とする方々がこの言語を学習していく過程で、最初にぶつかることの多い壁である発音の問題を克服するために、繰り返し目を通しながらなるべく早めに身に付けていただきたいと思います。

　「初級」第2部の第1課〜第4課では、ハングルの形と各文字の発音を詳しく説明し、間違いやすいケースや区別しにくい例も含め、独習者でも自分で十分確認できるよう、かなりの分量の「練習」と「問題」も合わせて設けました。

　「初級」第2部の第5課〜第26課と「中級」第1課〜第26課の構成は全く同じで、積み重ね式の具体的な内容は以下の通りです。
1. **会話**：ある家族の構成員と日本からの留学生が登場する内容で、それぞれの課で学ぶ文法事項などを中心とする各Pointの表現が含まれています。日本語訳とともに、実際の発音も併記しておきましたので、聞き取りや読む練習の際にはぜひとも活用していただきたいと思います。
2. **語句**：各課の会話に出てくる新出語彙や短い表現などを中心にまとめてありますので、会話の内容の正確な把握に役立てて下さい。
3. **Point**：各課で学ぶ文法などを易しく、詳しく説明した後、それらの実例を紹介してあります。説明と実例の両方を比較しながら学習することによって、皆様の理解がより深まると思います。

4. 練習：各課のPointに書いてある新しい文法事項などの熟知とその定着を図るための練習で、その殆どは口語体の会話の文になっています。特に使用頻度の高い文やお気に入りの文をできるだけ多く覚え、そのまま利用なさることをお勧めします。

5. 問題：それぞれの課で学んだ学習内容に対する最終確認と、更なる発展のための問題です。この「問題」は必ず各課の最後に行う必要はなく、各自の学習の進捗に合わせて後に回してもよいと思います。

　以上の内容の本冊のみならず、ダウンロードして利用できる音声教材を可能な限り頻繁に聴くことによって、より自然で滑らかなコミュニケーションを楽しむことのできる日が一日でも早く皆様に訪れるのを心から願っております。
　最後に、本書の刊行にあたって多大な協力をして下さった皆様にこの場を借りて深く感謝の意を申し上げます。

2015年　新春　著者

目次

ハングルについて ··· 3
 Point 1 「ハングルの形」 3
 Point 2 「初声・中声・終声」 3
 Point 3 「平音・激音・濃音」 3

発音のルールのまとめ ··· 4
 1. 有声音化　4
 2. 連音化　4
 3. 口蓋音化　6
 4. 激音化　6
 5.「ㄴ(니은)」の流音化　8
 6. 濃音化　9
 7. 鼻音化　10
 8. 流音(ㄹ)の鼻音化　11
 9.「ㄴ(니은)音の添加」　12
 10. 頭音法則　14

その他の発音の変化のまとめ ··· 15
 1.「의」の発音　15
 2.「ㅖ」の発音　15
 3. 濃音に変わる例　16
 4.「ㅎ(히읗)」音の弱音化/無音化　17
 5. 시・샤・셔・쇼・슈の発音に注意　17
 6. 져・죠・재・쳐・쪄の発音　17

第1課　基本母音字 ……………………………………………………………………… 18

- **Point 1**　10個の基本母音字　18
- **Point 2**　字体と発音を正確に区別しよう　18
- **Point 3**　半母音が含まれている母音　18

第2課　基本子音字 ……………………………………………………………………… 20

- **Point 1**　14個の基本子音字（*母音字の'ㅏ'をつけた形）　20
- **Point 2**　子音が『初声』として使われるときの発音　21
- **Point 3**　平音・激音・濃音　21
- **Point 4**　子母字の配列順　21

第3課　合成母音字 ……………………………………………………………………… 25

- **Point 1**　11個の合成母音字　25
- **Point 2**　ハングルの21個の母音字の配列順　25
- **Point 3**　「ㅖ」の発音　26
- **Point 4**　「의」の発音　26

第4課　終声 ……………………………………………………………………………… 29

- **Point 1**　「終声」(≒받침)　29
- **Point 2**　終声のㄴ・ㅁ・ㅇの発音　29
- **Point 3**　サンパッチム(쌍받침)　29
- **Point 4**　キョッパッチム(겹받침)　29
- **Point 5**　「終声」の発音　30
- **Point 6**　「代表音」　30

第5課　助詞「〜は」・「〜も」と丁寧な文末語尾 ……………………………………… 34

- **Point 1**　〜는/〜은：〜は　35
- **Point 2**　〜도：〜も　35
- **Point 3**　〜입니다.：（〜です。）　〜입니까?：（〜ですか。）　35

第6課　助詞「〜の」と「〜が」&否定形 ································ 38

- **Point 1**　〜의：〜の　39
- **Point 2**　〜가/〜이：〜が　39
- **Point 3**　〜가/〜이 아닙니다.：〜ではありません。
  〜가/〜이 아닙니까?：〜ではありませんか。　39
- **Point 4**　네, 그렇습니다.：はい、そうです。
  아니요, 아닙니다.：いいえ、違います。　39

第7課　漢数詞と「月日の言い方」&「사이시옷」 ···················· 42

- **Point 1**　漢数詞　43
- **Point 2**　月日の言い方　44
- **Point 3**　「사이시옷」　45

第8課　「이/그/저/어느」と「여기/거기/저기/어디」&縮約形 ··········· 48

- **Point 1**　이 〜/그 〜/저 〜/어느 〜　49
- **Point 2**　場所や位置を表す単語では、「이〜/그〜/어느〜」の形が一部変化　49
- **Point 3**　縮約形　50

第9課　語幹と「합니다体」& 助詞「〜에」・「〜を」 ················ 54

- **Point 1**　用言と体言　55
- **Point 2**　語幹　55
- **Point 3**　「합니다体」　56
- **Point 4**　〜에：〜に　57
- **Point 5**　〜를/〜을：〜を　57

第10課　助詞「〜と」& 陽母音・陰母音と「해요体」 ··············· 60

- **Point 1**　1. 〜와/과　2. 〜랑/〜이랑　3. 〜하고：〜と　61

- Point 2　陽母音と陰母音　62
- Point 3　「해요体」：〜아요/〜어요・〜예요/〜이에요　62

第11課　固有数詞と時刻の言い方 & 助詞「〜から〜まで」　66

- Point 1　固有数詞　67
- Point 2　한〜 /두〜 /세〜 /네〜 /스무〜〈固有数詞の連体形〉　67
- Point 3　時刻の言い方　68
- Point 4　〜から〜まで　69

第12課　「曜日」と「5W1H+얼마」 & 否定形　72

- Point 1　요일：曜日　73
- Point 2　5W1H+얼마　74
- Point 3　否定形　74
- Point 4　아무도(誰も)/아무것도(何も)/아무데도(どこにも)　75

第13課　助詞「〜에서：〜で/〜にて」& 助数詞と連用形　78

- Point 1　〜에서：〜で/〜にて　79
- Point 2　助数詞　80
- Point 3　連用形の「〜아/어」：〜て　81

第14課　「ㅂ(비읍)変則」と動詞の「한다体」　84

- Point 1　「変則活用用言」　85
- Point 2　「ㅂ(비읍)変則」　86
- Point 3　「한다体」：〜ㄴ/는다　87

第15課　助詞「〜から」・「〜に」と過去形　90

- Point 1　助詞「〜에게(서)/ 〜한테(서)」：「〜から」と「〜に」　91
- Point 2　過去形　92

第16課　助詞「〜(으)로：〜で」と「ㄷ(디귿)変則」 ………………………………… 96

- **Point 1**　助詞「〜로 / 〜으로」：「〜で」　97
- **Point 2**　「ㄷ(디귿)変則」　98

第17課　尊敬形と「SPONの法則」 …………………………………………………… 100

- **Point 1**　尊敬形　101
- **Point 2**　特殊な尊敬語　102
- **Point 3**　「SPONの法則」　102

第18課　丁寧な命令形と丁寧な禁止命令形 …………………………………………… 104

- **Point 1**　丁寧な命令形：〜てください。〜なさってください　105
- **Point 2**　丁寧な禁止命令形：〜しないでください。
　　　　　　　〜なさらないでください　106

第19課　「으変則」と「〜(으)러」&「〜ㄹ/을까요?」 ………………………………… 108

- **Point 1**　「으変則」　109
- **Point 2**　〜러/〜으러：〜しに、〜するために　110
- **Point 3**　〜ㄹ까요?/〜을까요?：〜しましょうか　110

第20課　補助語幹「겠」と助詞「〜보다」&「〜를/을」を用いる表現 ……………… 112

- **Point 1**　겠：語幹に付いて「意志」の意を表す補助語幹　113
- **Point 2**　〜보다：〜より　113
- **Point 3**　助詞「〜를/을」を用いる表現　114

第21課　「逆説」と「願望・希望」の表現&「〜고」と「지요」 ……………………… 116

- **Point 1**　〜지만：〜が/〜けれど(も)/〜だけど　117
- **Point 2**　〜고 싶다：〜したい　117
- **Point 3**　〜고 싶어하다：〜したがる　117
- **Point 4**　〜고：〜で / 〜くて / 〜し(て) / 〜してから　118
- **Point 5**　〜지요.：〜ですね。/ 〜ますね。/ 〜ですよ。/ 〜ますよ。　118

第22課　「～네요.」と助詞「～처럼 / ～같이」＆不可能形 ·················· 120

- Point 1　～네요：～ですね。／～ますね。　121
- Point 2　～처럼/～같이：～のように、～みたいに　121
- Point 3　不可能形(「～できない」)　122

第23課　「～게(副詞形)」と連用形(～아/어)を含む表現Ⅰ ················ 124

- Point 1　～게：～く、～に　125
- Point 2　～아/어 주다：～てあげる、～てくれる　126
- Point 3　～아/어 보다：～(し)てみる　127

第24課　連用形(～아/어)を含む表現Ⅱ ······································ 130

- Point 1　～아/어 버리다：～(て)しまう　131
- Point 2　～아/어지다：～くなる、～になる、～れる、～られる　132
- Point 3　～아/어하다：～がる　133

第25課　動詞の連体形 ··· 136

- Point 1　連体形　138
- Point 2　動詞の連体形　138

第26課　形容詞・存在詞・指定詞の連体形 ································· 140

- Point 1　形容詞の連体形　141
- Point 2　動詞と形容詞の連体形の比較　142
- Point 3　存在詞(있다、없다)と指定詞(이다、아니다)の連体形　142

問題解答例　144

練習解答例　157

韓日索引　160

日韓索引　173

積み重ね式
韓国語総合

初級

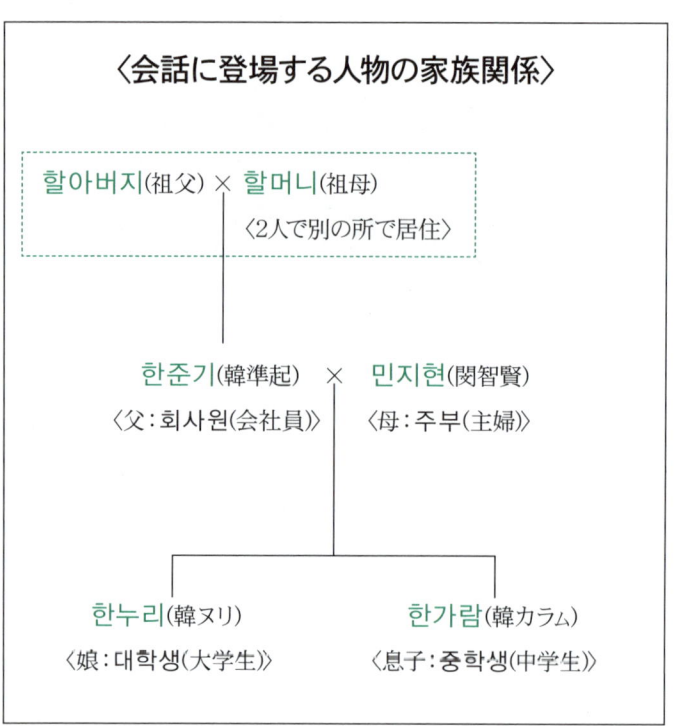

ハングルについて

Point 1 「ハングルの形」

ハングルの文字は必ず子音字から始まり、1)「子音字+母音字」、または 2)「子音字+母音字+子音字」で、1つの文字としての形を整えることができる。

例 1) 子音字+母音字：

  ㄴ ＋ ㅏ ＝ 나 (僕) ㅅ ＋ ㅗ ＝ 소 (牛)
  [n+a ＝ na]   [s+o ＝ so]

 2) 子音字+母音字+子音字：

  ㄴ ＋ ㅏ ＋ ㅁ ＝ 남 (他人) ㅅ ＋ ㅗ ＋ ㄴ ＝ 손 (手)
  [n+a+m ＝ nam]   [s+o+n ＝ son]

Point 2 「初声・中声・終声」

上の例1)と2)の最初に使われた子音のㄴ[n]とㅅ[s]の音を『初声』、上の例2)の最後に使われた子音のㅁ[m]とㄴ[n]の音を『終声』(≒パッチム：1つの文字の最後に書かれた子音字)と言う。

1) 初声：1つの文字の最初の子音字の音。
2) 中声：(最初の子音字の右側か下に付く)母音字の音。
3) 終声：1つの文字の最後に付く(付かない形の文字もある)子音字の音。

Point 3 「平音・激音・濃音」

ハングルの子音の中には「平音・激音・濃音」がある。激音は激しい息を伴う音で、濃音は平音を2つ重ねて書き、息を出さずに硬く発音する。

1) 平音：ㄱ ㄷ ㅂ ㅅ ㅈ
2) 激音：ㅋ ㅌ ㅍ ㅊ
3) 濃音：ㄲ ㄸ ㅃ ㅆ ㅉ

発音のルールのまとめ

1. 有声音化

初声(一つの文字の中で最初に発音する子音の音)として使われる〈ㄱ ㄷ ㅂ ㅈ〉は、語頭では[k] [t] [p] [tʃ]と発音されるが、母音に挟まれるか鼻音の〈ㄴ ㅁ ㅇ〉や流音の〈ㄹ〉の後に続くときは、それぞれ[g][d][b][ʤ]の発音に変わる。これを有声音化と言う。

1) ㄱの例：고기(肉)　　누구(誰)　　암기(暗記)　　날개(翼)
2) ㄷの例：어디(どこ)　　구두(靴)　　수도(水道)　　바다(海)
3) ㅂの例：부부(夫婦)　　공부(勉強)　　차비(交通費)　　낭비(浪費)
4) ㅈの例：반지(指輪)　　부자(金持ち)　　언제(いつ)　　자주(しばしば)

00
01

練習 声に出して読んでみましょう。

1. 아기(赤ん坊) – 기도(祈禱) – 도구(道具) – 구두(靴) – 두부(豆腐)
2. 남자(男子) – 자다(寝る) – 다도(茶道) – 도보(徒歩) – 보다(見る)
3. 나비(蝶) – 비자(ビザ) – 자기(自分) – 기구(器具) – 구제(救済)
4. 비누(石鹸) – 누가(誰が) – 가지(茄子) – 지주(支柱) – 주다(くれる)

2. 連音化

1) 받침(パッチム：一つの文字の中で最後に付く子音字)の後に「ㅇ」(이응)から始まる母音が続くと、その받침は後ろの音節の初声として発音される。〈初声として使われる「ㅇ」(이응)は音としての価値がないため、これを『Zero音価』と言う。〉

例　직업[지겁] 職業　　　단어[다너] 単語
　　한국어[한구거] 韓国語　　점심을[점시믈] 昼食を

2) 쌍받침(ㄲとㅆ)は丸ごと連音化される。

例　밖으로[바끄로] 外へ　　　섞어요[서꺼요] 混ぜます
　　갔어요?[가써요] 行きましたか　왔어요[와써요] 来ました

3) 겹받침(ㄳ、ㄵ などのように、異なる二つの子音字からなる
   2文字のパッチム)は、右側の受けだけが連音化の対象になる。

   例 젊은 ~[절믄] 若い~   흙을[흘글] 土は
       읽어요[일거요] 読みます   닮아서[달마서] 似ていて

4) 母音の前の「ㅎ」(히읗[히은])受けは発音しない。

   例 좋아요[조아요] いいです   낳아요[나아요] 産みます
       많이[마니] 多く   끓여서[끄려서] 沸かして

練習　次の語彙の発音を確認しながら読んでみましょう。

1. 눈이[누니](雪が)   산업[사넙](産業)   발음[바름](発音)
   물을[무를](水を)   꽃은[꼬츤](花は)   옆에[여페](横に)
   그림 일기[그리밀기](絵日記)   아침 이슬[아치미슬](朝露)
2. 깎이다[까끼다](削られる)   닦아요[다까요](磨きます)
   밖은[바끈](外は)   꺾였어요[꺼껴써요](折れました)
   봤어요[봐써요](見ました)   했어요[해써요](しました)
   놀았어요[노라써요](遊びました) 있었어요[이써써요](いました)
3. 맑은 날[말근 날](晴れた日)   앉으세요[안즈세요](お座りください)
   읊은 시[을픈 시](詠んだ詩)   밟았어요[발바써요](踏みました)
4. 놓으세요[노으세요](置いてください)
   끓이세요[끄리세요](沸かせてください)
   낳았어요[나아써요](生みました) 많았어요[마나써요](多かったです)

問題　次の文を発音どおりに書いてみましょう。

1. 한국어 발음이 아주 좋아요. (韓国語の発音がとてもいいです。)
   [   ]

2. 밖에는 눈이 많이 쌓였어요. (外は雪が沢山積もりました。)
   [   ]

5

3. 할아버지가 닦은 구두는 어디 있어? (おじいさんが磨いた靴はどこ?)
   [   ]
4. 그 부부는 얼굴이 닮았어요. (その夫婦は顔が似ています。)
   [   ]
5. 어제 읽은 책은 엮은이가 젊은이였어요.
   (昨日読んだ本は編者が若い人でした。)
   [   ]

3. 口蓋音化

「ㄷ」(디귿)받침과 「ㅌ」(티읕)받침의 후에 母音の「이」가 続くと、それぞれの発音が[지][치]に変わる。このような音変化を口蓋音化と言う。

1) ㄷ+이 → [지]の例：맏이[마지](長子)　　[마디：×]
   　　　　　　　　　　굳이[구지](あえて)　　[구디：×]
2) ㅌ+이 → [치]の例：같이[가치](一緒に)　　[가티：×]
   　　　　　　　　　　밭이[바치](畑が)　　　[바티：×]

 練習　次の語彙の発音を確認しながら読んでみましょう。

1. 굳이[구지](あえて)　　　　맏이[마지](長子)
   여닫이[여다지](開き戸)　　미닫이[미다지](引き戸)
2. 끝이[끄치](最後が)　　　　밑이[미치](下が)
   솥이[소치](釜が)　　　　　붙이다[부치다](つける)

4. 激音化

平音の〈ㄱ ㄷ ㅂ ㅈ〉はその前後に「ㅎ」(히읗)が来ると互いに同化し、それぞれの発音が激音の[ㅋ ㅌ ㅍ ㅊ]に変わる。

1) ㄱ+ㅎ → [ㅋ]の例：축하[추카](祝賀)　　국화[구콰](菊)
   ㅎ+ㄱ → [ㅋ]の例：놓고[노코](置いて)　앓고[알코](患って)

6

2) ㄷ+ㅎ → [ㅌ]の例：맏형[마텽](一番上の兄)
　　　　　　　　　못하다[몯/하다→모타다](できない)
　ㅎ+ㄷ → [ㅌ]の例：넣다[너타](入れる)　많다[만타](多い)
3) ㅂ+ㅎ → [ㅍ]の例：입학[이팍](入学)　곱하기[고파기](掛け算)
4) ㅈ+ㅎ → [ㅊ]の例：젖히다[저치다](めくる)
　　　　　　　　　앉히다[안치다](座らせる)
　ㅎ+ㅈ → [ㅊ]の例：좋지만[조치만](いいが)
　　　　　　　　　그렇지만[그러치만](だけど)

✎ しかし、パッチム「ㄷ」の後に「히・혀」が続くと、その発音は[티・텨]ではなく
　 [치・쳐]に変わる。
　　　　　　　　굳히다 [구치다](固める)
　　　　　　　　닫히다 [다치다](閉まる、閉ざされる)
　　　　　　　　갇혀 [가쳐](閉じ込められて)
　　　　　　　　걷혀 [거쳐](《会費などが》あつまって)

練習　次の語彙の発音を確認しながら読んでみましょう。

1. 식후[시쿠](食後)　　　　　도착하다[도차카다](到着する)
　 음악회[으마쾨](音楽会)　　약하다[야카다](弱い)
　 이렇게[이러케](このように)　그렇게[그러케](そのように)
　 저렇게[저러케](あのように)　어떻게[어떠케](どのように)
2. 따뜻하다[따뜓/하다→따뜨타다](暖かい)
　 깨끗하다[깨끋/하다→깨끄타다](きれいだ)
　 끊다[끈타](切る)　　　　　싫다[실타](嫌だ)
　 파랗다[파라타](青い)　　　괜찮다[괜찬타](構わない)
3. 입히다[이피다](着させる)　급하다[그파다](急いでいる)
　 뽑히다[뽀피다](選ばれる)　넓히다[널피다](広げる)
　 연습하다[연스파다](練習する)　혼잡하다[혼자파다](混雑している)
4. 앉히다[안치다](座らせる)　얹히다[언치다](乗り上げる)

7

問題　次の文を発音どおりに書いてみましょう。

1. 한국어 발음을 많이 연습하세요.(韓国語の発音を沢山練習して下さい。)
   [　　　　　　　　　　　　　　　　　　　　　　　　　]

2. 버스 터미널은 늘 혼잡해요. (バスターミナルはいつも混雑しています。)
   [　　　　　　　　　　　　　　　　　　　　　　　　　]

3. 인천공항까지 어떻게 가면 돼요?
   (仁川空港までどのように行けばいいですか。)
   [　　　　　　　　　　　　　　　　　　　　　　　　　]

4. 음악회 표를 예약해도 괜찮대요.
   (音楽会のチケットを予約しても構わないと言っています。)
   [　　　　　　　　　　　　　　　　　　　　　　　　　]

5. 같이 해돋이를 보러 가자고 부탁할까요?
   (一緒に日の出を見に行こうと頼みましょうか。)
   [　　　　　　　　　　　　　　　　　　　　　　　　　]

5. 「ㄴ(니은)」の流音化

「ㄴ(니은)+ㄹ(리을)」と、その逆の「ㄹ(리을)+ㄴ(니은)」は、発音が両方とも[ㄹ+ㄹ]に変わる。

このような音変化を「ㄴ(니은)の流音化」と言う。

1) ㄴ+ㄹ → [ㄹ+ㄹ]の例：논리[놀리](論理)　인류[일류](人類)
2) ㄹ+ㄴ → [ㄹ+ㄹ]の例：실내[실래](室内)　설날[설랄](元日)

> しかし、合成漢字語の場合、パッチム「ㄴ」の後に「ㄹ」が続くと、[ㄹ+ㄹ]ではなく[ㄴ+ㄴ]の発音に変わる

　　생산량[생산냥](生産量)　　　이원론[이원논](二元論)
　　의견란[의견난](意見欄)　　　판단력[판단녁](判断力)

練習 次の語彙の発音を確認しながら読んでみましょう。

1. 언론[얼론](言論)　　　　신라[실라](新羅)
   연락하다[열라카다](連絡する)　편리하다[펼리하다](便利だ)
2. 물난리[물랄리](水害)　　달나라[달라라](月の世界)
   끓는다[끌는다→끌른다](沸く)　앓는다[알는다→알른다](患う)

6. 濃音化

終声[k/ㄱ], [t/ㄷ], [p/ㅂ]の後に続く平音〈ㄱ ㄷ ㅂ ㅅ ㅈ〉は、濃音[ㄲ ㄸ ㅃ ㅆ ㅉ]の発音に変わる。

1) [k/ㄱ]+平音→[濃音]の例：
   학교[학꾜](学校)　　　　녹다[녹따](溶ける)
   겪다[격다→격따](経験する)　묶다[묵다→묵따](くくる)
2) [t/ㄷ]+平音→[濃音]の例：
   듣다[듣따](聞く)　　　　믿다[믿따](信じる)
   늦다[늗다→늗따](遅い)　있다[읻다→읻따](いる、ある)
3) [p/ㅂ]+平音→[濃音]の例：
   입국[입꾹](入国)　　　　쉽다[쉽따](易しい)
   높다[놉다→놉따](高い)　없다[업다→업따](いない、ない)

練習 次の語彙も発音を確認しながら読んでみましょう。

1. 역사[역싸](歴史)　　　　약속[약쏙](約束)
   국제[국쩨](国際)　　　　약국[약꾹](薬局)
   깎다[깍다→깍따](削る)　꺾다[꺽다→꺽따](折る)
   읽다[익다→익따](読む)　늙다[늑다→늑따](老いる)
2. 받다[받따](もらう)　　　묻다[묻따](尋ねる)
   찾다[찯다→찯따](探す)　벗다[벋다→벋따](脱ぐ)

꽃병[꼳병→꼳뼝](花瓶)　　　낮잠[낟잠→낟짬](昼寝)
있고[읻고→읻꼬](あって)　　얕다[얃다→얃따](浅い)
3. 덥다[덥따](暑い)　　　　　합격[합껵](合格)
가깝다[가깝따](近い)　　　　귀엽다[귀엽따](可愛い)
값이[갑시→갑씨](値段が)　　없어요[업서요→업써요](いません)

問題　次の文を発音どおりに書いてみましょう。

1. 설날 아침에 연락하세요.(元日の朝、連絡ください。)
   [　　　　　　　　　　　　　　　　　　　　　　　　　]

2. 입국 수속은 이쪽이에요.(入国手続きはこちらです。)
   [　　　　　　　　　　　　　　　　　　　　　　　　　]

3. 실내에는 신발을 벗고 들어가요?(室内には履物を脱いで入りますか。)
   [　　　　　　　　　　　　　　　　　　　　　　　　　]

4. 최근 일 년 사이에 집 값이 많이 올랐어요.
   (この1年の間、家の値段が大分上がりました。)
   [　　　　　　　　　　　　　　　　　　　　　　　　　]

5. 갑자기 꽃다발을 받아도 곤란한데…….
   (いきなり花束をもらっても困るけど…)
   [　　　　　　　　　　　　　　　　　　　　　　　　　]

7. 鼻音化

終声[k/ㄱ][t/ㄷ][p/ㅂ]の後に、「ㄴ」(니은)か「ㅁ」(미음)が続くと、[k/ㄱ][t/ㄷ][p/ㅂ]の発音はそれぞれ[ㅇ][ㄴ][ㅁ]の鼻音に変わる。

1) [k/ㄱ]+ㄴ・ㅁ→[ㅇ]+ㄴ・ㅁ：
   작년[장년](昨年)　　　　　숙녀[숭녀](淑女)
   국민[궁민](国民)　　　　　한국말[한궁말](韓国語)

2) [t/ㄷ]+ㄴ・ㅁ→[ㄴ]+ㄴ・ㅁ :
   받는다 [반는다] (受ける)　　　옛날 [옏날→옌날] (昔)
   잇몸 [읻몸→인몸] (歯茎)　　　낱말 [낟말→난말] (単語)

3) [p/ㅂ]+ㄴ・ㅁ→[ㅁ]+ㄴ・ㅁ :
   십 년 [심년] (十年)　　　앞날 [압날→암날] (将来)
   십만 [심만] (十万)　　　앞머리 [압머리→암머리] (前髪)

練習　次の語彙の発音を確認しながら読んでみましょう。

1. 학년 [항년] (学年)　　　먹는다 [멍는다] (食べる)
   한국 노래 [한궁노래] (韓国の歌)
   백만 [뱅만] (百万)　　　국물 [궁물] (汁)
2. 끝나다 [끈나다] (終わる)　　　콧노래 [콘노래] (鼻歌)
   꽃놀이 [꼰놀이] (花見)　　　꽃말 [꼰말] (花言葉)
   거짓말 [거진말] (嘘)
3. ~입니다 [임니다] (~です)　　　옵니까? [옴니까] (来ますか?)
   앞마당 [암마당] (前庭)　　　옆면 [염면] (側面)

8. 流音(ㄹ)の鼻音化

パッチム〈ㄱ ㅁ ㅂ ㅇ〉の後に流音の「ㄹ」(리을)が続くと、「ㄹ」(리을) の発音は鼻音の [ㄴ] に変わる。

1) ㄱ+ㄹ → ㄱ+[ㄴ] :
   격려 [격녀→경녀] (激励)　　　국립 [국닙→궁닙] (国立)
2) ㅁ+ㄹ → ㅁ+[ㄴ] :
   금리 [금니] (金利)　　　음료 [음뇨] (飲料)
3) ㅂ+ㄹ → ㅂ+[ㄴ] :
   협력 [협녁→혐녁] (協力)　　　급료 [급뇨→금뇨] (給料)
4) ㅇ+ㄹ → ㅇ+[ㄴ] :
   동료 [동뇨] (同僚)　　　정리 [정니] (整理)

練習　次の語彙の発音を確認しながら読んでみましょう。

1. 독립[동닙](独立)　　박력[방녁](迫力)　　석류[성뉴](石榴)
2. 음력[음녁](陰暦)　　심리[심니](心理)　　감량[감냥](減量)
3. 법률[범뉼](法律)　　합리[함니](合理)　　섭리[섭니](摂理)
4. 양력[양녁](陽暦)　　장래[장내](将来)　　승리[승니](勝利)

 問題　次の文を発音どおりに書いてみましょう。

1. 안녕하십니까?(こんにちは。)
   [　　　　　　　　　　　　　　　　　　　　　　　　　　　]
2. 한국과 일본은 이웃 나라입니다.(韓国と日本は隣国です。)
   [　　　　　　　　　　　　　　　　　　　　　　　　　　　]
3. 값만 비싸고 질은 좋지 않아요.(値段ばかり高く質はよくありません。)
   [　　　　　　　　　　　　　　　　　　　　　　　　　　　]
4. 영리한 사람들은 생각이 합리적입니다.
   (利口な人々は考え方が合理的です。)
   [　　　　　　　　　　　　　　　　　　　　　　　　　　　]
5. 감량을 해서 지금은 무릎만 아픕니다.
   (減量をして今は膝だけが痛いです。)
   [　　　　　　　　　　　　　　　　　　　　　　　　　　　]

9.「ㄴ(니은)音の添加」

　主に合成語でよく見られる音の変化で、받침(パッチム)の後に〈야 여 요 유 이〉などの母音がが続くと、「ㄴ」(니은)音が添加され発音がそれぞれ[냐 녀 뇨 뉴 니]に変わるケースがある。

1) 'ㄴ'(니은)音の添加が適用される例:
   　두통약[두통냑](頭痛薬)　　　　한방약[한방냑](漢方薬)

12

쉰여덟[쉰녀덜](五十八)　　그림 엽서[그림녑써](絵葉書)
한국 요리[한국뇨리→한궁뇨리](韓国料理)
화학 요법[화학뇨뻡→화항뇨뻡](化学療法)
식용유[시공뉴](食用油)　　십육[십뉵→심뉵](16)
볼일[볼릴](用事)　　　　　꽃잎[꼳닙→꼰닙](花びら)
옛날 이야기[옌날니야기→옌날리야기](昔話)

2) 「ㄴ」(니은)音の添加が適用されない 例 :
아침 이슬[아치미슬](朝露)　　그림 일기[그리밀기](絵日記)

練習　次の語彙の発音を確認しながら読んでみましょう。

1. 물약[물략](飲み薬)　　　　알약[알략](錠剤)
　 태양열[태양녈](太陽熱)　　다음 역[다음녁](次の駅)
　 수학 여행[수항녀행](修学旅行)　겨울 연가[겨울련가](冬のソナタ)
　 어학 연수[어항년수](語学研修)　한국 유학[한궁뉴학](韓国留学)
　 나뭇잎[나문닙](木の葉)　　집안일[지반닐](家事)
2. 교환 일기[교환닐기](交換日記)　교육 인구[교융인구](教育人口)

問題　次の文を発音どおりに書いてみましょう。

1. 금년에 쉰여덟이 됩니다. (今年、58になります。)
　 [　　　　　　　　　　　　　　　　　　　　]
2. 다음 역이 서울역이에요. (次の駅がソウル駅です。)
　 [　　　　　　　　　　　　　　　　　　　　]
3. 볼일이 있어서 먼저 실례합니다. (用事があるのでお先に失礼します。)
　 [　　　　　　　　　　　　　　　　　　　　]
4. 그림 엽서를 많이 샀어요. (絵葉書をたくさん買いました。)
　 [　　　　　　　　　　　　　　　　　　　　]

5. 겨울 연가가 한국 유학의 계기였어요.
　(冬のソナタが韓国留学のきっかけでした。)
　　[　　　　　　　　　　　　　　　　　　　　　　　　]

10. 頭音法則

初声が[ㄹ]や[ㄴ]と発音される漢字が語頭に来ると、次のように「ㄹ」や「ㄴ」は「ㄴ」や「ㅇ」に表記され、表記どおりに発音される。

1) 〈라・로・루・르〉は、それぞれ〈나・노・누・느〉に変わる。
　　例　망라(網羅) ― 나열(羅列)　　근로(勤労) ― 노동(労働)
　　　　도루(盗塁) ― 누심(塁審)　　늠름하다〈凛凛하다〉(凛としている)
2) 〈랴・려・료・류・리〉は、それぞれ〈야・여・요・유・이〉に変わる。
　　例　개량(改良) ― 양식(良識)　　실력(実力) ― 역사(歴史)
　　　　재료(材料) ― 요리(料理)　　물류(物流) ― 유행(流行)
　　　　물리(物理) ― 이론(理論)
3) 〈냐・녀・뇨・뉴・니〉は、それぞれ〈야・여・요・유・이〉に変わる。
　　例　남녀(男女) ― 여자(女子)　　분뇨(糞尿) ― 요도(尿道)

> その他の発音の変化のまとめ

1. 「의」の発音：「의」はその位置や機能などによって発音が異なる。

1) [의]：「의」が語頭にくると[의]と発音される。
   例 의사[의사]（医者）　의자[의자]（椅子）　의미[의미]（意味）

2) [이]：語頭以外の「의」は [이]と発音される。
   例 의의[의이]（意義）　회의[회이]（会議）　민주주의[민주주이]（民主主義）

3) [ㅣ]：「ㅇ」以外の子音字に[ㅢ]が付くと[ㅢ]の部分は[ㅣ]と発音される。
   例 무늬[무니]（模様）　희망[히망]（希望）　띄어쓰기[띠어쓰기]（分かち書き）

4) [에]：所有格助詞として機能する「의」の発音は[에]になる。
   例 우리의 희망[우리에 히망]（我々の希望）
   　 우의의 의미[우이에 의미]（友誼の意味）
   　 희토류의 무늬[히토류에 무니]（希土類の模様）

2. 「ㅖ」の発音

1) [ㅖ]：「ㅇ」や「ㄹ」の子音字に [ㅖ]が付くと[ㅖ]と発音される。
   例 예술[예술]（芸術）　예정[예정]（予定）　정예[정예]（精鋭）
   　 차례[차례]（順番）　실례[실례]（失礼）　순례[술례]（巡礼）

2) [ㅔ]：「ㅇ」や「ㄹ」以外の子音字に [ㅖ]が付くと、[ㅖ]の部分は[ㅔ]と発音される。
   例 세계[세게]（世界）　폐지[페지]（廃止）　혜성[헤성]（彗星）

3) 母音＋예요./예요?（～です。/～ですか。）：母音の後に続く「예요」は[에요]と発音される。
   例 사과예요./사과예요?[사과에요]（リンゴです。/リンゴですか。）
   ✎ 子音字＋이에요./ 이에요?（～です。/～ですか。）の発音は[이에요]のまま
   　 例 귤이에요./귤이에요?[규리에요]（ミカンです。/ミカンですか。）

3. 濃音に変わる例：次の(1)〜(5)の場合は濃音に変えて発音する。

1) 動詞・形容詞の語幹のパッチムの発音が[ㄴ ㅁ]の場合、
   その後に続く平音は濃音に変わる。

   例 신다[신따] (履く)　　남고[남꼬] (残って)　　앉습니다[안씁니다] (座ります)
   　 검지만[검찌만] (黒いけど)　　젊습니다[점씁니다] (若いです)

2) 漢字語の場合、「ㄹ(리을)」パッチムの後に続く初声平音の内〈ㄷ ㅅ ㅈ〉は
   濃音に変わるケースが多い。

   例 발달[발딸] (発達)　　실담[실땀] (実話)　　출동[출똥] (出動)
   　 발신[발씬] (発信)　　실습[실씁] (実習)　　출신[출씬] (出身)
   　 발전[발쩐] (発展)　　실질[실찔] (実質)　　출전[출쩐] (出典)

3) 次のような漢字の初声平音は語中では濃音に変わるケースが多い。

   〜가(価)　〜과(科)　〜건(件)　〜권(券)
   〜자(字)　〜점(点)　〜증(証)　〜증(症)

   例 주가[주까] (株価)　평가[평까] (評価)　이과[이꽈] (理科)　안과[안꽈] (眼科)
   　 사건[사껀] (事件)　물건[물껀] (物件)　여권[여꿘] (旅券)　증권[증꿘] (証券)
   　 철자[철짜] (綴字)　한자[한짜] (漢字)　이점[이쩜] (利点)　종점[종쩜] (終点)
   　 신분증[신분쯩] (身分証)　　　허가증[허가쯩] (許可証)
   　 공포증[공포쯩] (恐怖症)　　　탈모증[탈모쯩] (脱毛症)

   ✎ 물건[물건](品物)、영수증[영수증](領収証)などの発音には注意

4) 主に合成語の場合、前の単語のパッチムが〈ㄴ ㄹ ㅁ ㅇ〉で終わると、
   後に続く単語の初声平音(ㄱ ㄷ ㅂ ㅅ ㅈ)が
   濃音の[ㄲ ㄸ ㅃ ㅆ ㅉ]に変わるケースが多い。

   ① 濃音に変わる例：

   　물+고기 → 물고기[물꼬기] (魚)　　불+기둥 → 불기둥[불끼둥] (火柱)
   　비빔+밥 → 비빔밥[비빔빱] (ビビンバ、混ぜごはん)
   　손+수건 → 손수건[손쑤건] (ハンカチ)
   　안경+집 → 안경집[안경찝] (メガネ屋、メガネ入れ)
   　일본+사람 → 일본 사람[일본싸람] (日本人)
   　잠+자리 → 잠자리[잠짜리] (寝床)　　✎ 잠자리[잠자리] (トンボ)

② 濃音に変わらない例:
　　　　등+잔 → 등잔[등잔](油皿)　　불+고기 → 불고기[불고기](ブルコギ)
　　　　비+바람 → 비바람[비바람](風雨)
　5) 未来連体形語尾「ㄹ/을」の後に続く初声平音は濃音に変わる。
　　例　가다(行く)+사람(人) → 갈 사람[갈싸람](≪これから≫行く人)
　　　　먹다(食べる)+을 거예요(〜するでしょう) →
　　　　　　　　　　　　　먹을 거예요.[머글꺼에요](食べるでしょう)
　　　　만들다(作る)+ㄹ 수 있어요(できます) →
　　　　　　　　　　　　　만들 수 있어요.[만들쑤 이써요](作れます)
　6) 主に外来語の場合、慣用的に濃音に変えながら発音するケースもある。
　　例　댐[댐/땜] (dam)　　백[백/빽] (bag)　　잼[잼/쨈] (jam)
　　　　골프[골프/꼴프] (golf)　　달러[달러/딸러] (dollar)
　　　　버스[버스/뻐스/뻐쓰] (bus)　　재즈[재즈/째즈] (jazz)
　　　　서비스[서비스/써비스/써비쓰] (service)

4.「ㅎ(히읗)」音の弱音化/無音化

　パッチム〈ㄴ, ㄹ, ㅁ, ㅇ〉と母音の後に続く初声〈ㅎ〉は、その音が弱くなるか、ほとんど発音されなくなる。特に「パッチム〈ㄴ, ㄹ, ㅁ〉+〈ㅎ〉」の際は無音になるケースが多い。

　　例　은행[으냉 → 으냉](銀行)　　전화[전와 → 저놔](電話)
　　　　결혼[결온 → 겨론](結婚)　　일호선[일오선 → 이로선](一号線)
　　　　감히[감이 → 가미](敢えて)　　담화[담와 → 다롸](談話)
　　　　영화[영화/영와](映画)　　명함[명함/명암](名刺)
　　　　시험[시험/시엄](試験)　　고향[고향/고양](故郷)

5. 시・샤・셔・쇼・슈の発音に注意

　시[ʃi]　샤[ʃa]　셔[ʃɔ]　쇼[ʃo]　슈[ʃu]

6. 져・죠・쟤・쳐・쪄の発音

　〈져・죠・쟤・쳐・쪄〉は実際にはそれぞれ[저・조・재・처・쩌]と発音される。

第1課 基本母音字

 ハングルの基本母音字は次の10個です。
✎音としての価値のない「Zero音価」の子音字「ㅇ」を初声としてつけた形

1 아   2 야   3 어   4 여   5 오   6 요   7 우   8 유

9 으   10 이

 特に次の1)〜14)は字体と発音を正確に区別して覚えましょう。

1) 1아ー3어 / 3어ー1아
2) 3어ー5오 / 5오ー3어
3) 1아ー5오 / 5오ー1아
4) 1아ー3어ー5오
5) 3어ー5오ー1아
6) 5오ー1아ー3어
7) 2야ー4여 / 4여ー2야
8) 4여ー6요 / 6요ー4여
9) 2야ー6요 / 6요ー2야
10) 2야ー4여ー6요
11) 4여ー6요ー2야
12) 6요ー2야ー4여
13) 6요ー8유 / 8유ー6요
14) 7우ー9으 / 9으ー7우

 短い棒が2本あるのは、半母音が含まれていることを意味します。

1) 이+아→2야   2) 이+어→4여
3) 이+오→6요   4) 이+우→8유

연습(練習)

1. 3回ずつ声に出して読んでみましょう。

1. 아 야 어 여　　2. 오 요 우 유　　3. 으 이
4. 아 야 어 여 오 요 우 유 으 이

2. 2回ずつ書きながら読んでみましょう。

1. 아 야 어 여　　2. 오 요 우 유　　3. 으 이
4. 아 야 어 여 오 요 우 유 으 이

3. 字体と発音を正確に区別しながら読んでみましょう。

1. 아 어 / 어 아　　　아 오 / 오 아　　　어 오 / 오 어
2. 아 어 오 / 아 오 어　어 오 아 / 어 아 오　오 아 어 / 오 어 아
3. 야 여 / 여 야　　　야 요 / 요 야　　　여 요 / 요 여
4. 야 여 요 / 야 요 여　여 요 야 / 여 야 요　요 야 여 / 요 여 야

4. 次の単語を読んでみましょう。

1. 아이(子供)　　2. 오이(きゅうり)
3. 우아(優雅)　　4. 유아(幼児)
5. 우유(牛乳)　　6. 여우(きつね・女優)
7. 이유(理由)　　8. 여유(余裕)　　9. 야유(揶揄)
10. 아야!(痛い!)

문제(問題)

1. 次の日本語の語彙の発音をハングルで書いてみましょう。

1. 愛(あい):　　　　2. 青い(あおい):

3. 鮎(あゆ):　　　　4. 弥生(やよい):

5. 親(おや):　　　　6. 危うい(あやうい):

第2課
基本子音字

Point 1 ハングルの基本子音字は次の14個です。
✎ 母音字の「ト」をつけた形

1 가：日本語の「か」と「が」の中間位の発音。

2 나：日本語の「な」行と同じ発音。

3 다：日本語の「た」と「だ」の中間位の発音。

4 라：日本語の「ら」行と同じ発音。場合には[l]の発音。

5 마：日本語の「ま」行と同じ発音。

6 바：日本語の「ぱ」と「ば」の中間位の発音。

7 사：日本語の「さ」行と同じ発音。場合によっては英語の[ʃ]の発音。

8 아：初声として使われる際の「ㅇ」は『ゼロ音価』。

9 자：日本語の「ちゃ」行よりやや弱い発音。

10 차：9の「자」を発音しながら息を激しく出す。

11 카：1の「가」を発音しながら息を激しく出す。

12 타：3の「다」を発音しながら息を激しく出す。

13 파：6の「바」を発音しながら息を激しく出す。

14 하：日本語の「は」行よりやや強い息を伴う発音。

　　子音は「初声」として使われるときと、「終声」(≒パッチム)として使われるときの発音が異なる場合があります。
　　この課では、「初声：最初に発音する子音」として使われるときの基本子音字について勉強します。

　平音・激音・濃音

　　ハングルの子音字には基本子音の他に5つの濃音があります。濃音は平音を2つ重ねて書き、息を出さずに硬く発音します。平音・激音と濃音の字体と発音を正確に区別しましょう。

平音	ㄱ	ㄷ	ㅂ	ㅅ	ㅈ
激音	ㅋ	ㅌ	ㅍ	ㅎ	ㅊ
濃音	ㄲ	ㄸ	ㅃ	ㅆ	ㅉ

　子母字の配列順

　　ハングルの子母字(基本子母字14個＋濃音5個)の辞書に出てくる配列順は次のとおりです。〈5個の濃音はそれぞれの平音の後に続きます〉

①ㄱ－②ㄲ－③ㄴ－④ㄷ－⑤ㄸ－⑥ㄹ－⑦ㅁ－⑧ㅂ－⑨ㅃ－⑩ㅅ－
⑪ㅆ－⑫ㅇ－⑬ㅈ－⑭ㅉ－⑮ㅊ－⑯ㅋ－⑰ㅌ－⑱ㅍ－⑲ㅎ

21

연습(練習)

1. 声に出して読んでみましょう。
1. 가 나 다 라
2. 마 바 사
3. 가 나 다 라 마 바 사

2. 書きながら読んでみましょう。
1. 가 나 다 라
2. 마 바 사
3. 가 나 다 라 마 바 사

3. 声に出して読んでみましょう。
1. 아 자 차 카
2. 타 파 하
3. 아 자 차 카 타 파 하

4. 書きながら読んでみましょう。
1. 아 자 차 카
2. 타 파 하
3. 아 자 차 카 타 파 하

5. 区別しながら声に出して読んでみましょう。
1. 가 카 까   2. 다 타 따   3. 바 파 빠   4. 사 싸   5. 자 차 짜

6. 書きながら読んでみましょう。
1. 가 카 까   2. 다 타 따   3. 바 파 빠   4. 사 싸   5. 자 차 짜

7. 声に出して読んでみましょう。
1. 까따빠싸짜
2. 꼬또뽀쏘쪼
3. 끄뜨쁘쓰쯔
4. 끼띠삐씨찌
5. 그/크/끄   6. 더/터/떠   7. 벼/펴/뼈   8. 수/쑤   9. 지/치/찌
10. 아가이/아카이/아까이
11. 아다다가이/아타타카이/아따따까이
12. 야바리/야파리/야빠리
13. 아사리/아싸리
14. 사소구/사쏘구/사쏘쿠
15. 지지오야/치지오야/지찌오야/치치오야/찌찌오야

22

8. 次の表の字体と発音を正確に区別しながら読んでみましょう。

子音＼母音	ㅏ	ㅑ	ㅓ	ㅕ	ㅗ	ㅛ	ㅜ	ㅠ	ㅡ	ㅣ
ㄱ	가	야	거	겨	고	교	구	규	그	기
ㄴ	나	냐	너	녀	노	뇨	누	뉴	느	니
ㄷ	다	댜	더	뎌	도	됴	두	듀	드	디
ㄹ	라	랴	러	려	로	료	루	류	르	리
ㅁ	마	먀	머	며	모	묘	무	뮤	므	미
ㅂ	바	뱌	버	벼	보	뵤	부	뷰	브	비
ㅅ	사	샤	서	셔	소	쇼	수	슈	스	시
ㅇ	아	야	어	여	오	요	우	유	으	이
ㅈ	자	(쟈)	저	져	조	죠	주	(쥬)	즈	지
ㅊ	차	(챠)	처	쳐	초	(쵸)	추	(츄)	츠	치
ㅋ	카	캬	커	켜	코	쿄	쿠	큐	크	키
ㅌ	타	탸	터	텨	토	툐	투	튜	트	티
ㅍ	파	퍄	퍼	펴	포	표	푸	퓨	프	피
ㅎ	하	햐	허	혀	호	효	후	휴	흐	히

＊（　）の中の文字は実際には使わず、それぞれの左側の文字を使う。

문제(問題)

1. 声に出して読んでみましょう。

1. 거기(そこ)	고기(肉)	코끼리(像)	꼬리(尾)
2. 수도(首都)	또(また)	토끼(兎)	오토바이(オートバイ)
3. 보리(麦)	뿌리(根)	피다(咲く)	바지(ズボン)
4. 사다(買う)	싸다(安い)	쓰다(書く)	
5. 자다(寝る)	차다(冷たい)	짜다(塩辛い)	치마(スカート)
6. 여기(ここ)	키(背丈)	코(鼻)	꼬마(ちびっ子)
7. 어디(どこ)	띠(えと)	타다(乗る)	
8. 바다(海)	파도(波)	아빠(パパ)	오빠(お兄さん)
9. 어서(さあ、どうぞ)	버스(バス)	아저씨(おじさん)	
10. 기자(記者)	기차(汽車)	아주머니(おばさん)	가짜(偽物)
11. 지구(地球)	하나(一つ)	비로소(ようやく)	서로(互いに)
12. 그리고(そして)	모이다(集まる)	모으다(集める)	저기(あそこ)

2. 次の日本語の語彙をハングルで書いてみましょう。

1. 海(うみ)：   2. 山(やま)：
3. 春(はる)：   4. 秋(あき)：
5. 花(はな)：   6. 空(そら)：
7. 寿司(すし)：   8. お茶(おちゃ)：
9. ピアノ(ぴあの)：   10. ギター(ぎたー)：
11. 鈴木(すずき)：   12. 松本(まつもと)：
13. 対馬(つしま)：   14. 市川(いちかわ)：
15. 原宿(はらじゅく)：   16. 永田町(ながたちょう)：

第3課 合成母音字

Point 1 ハングルの母音字には、基本母音字を組み合わせて作られた11個の合成母音字があります。

1 애 (아+이) : 唇を横に引きながら〔エ〕を発音する。

2 얘 (야+이) : 唇を横に引きながら〔イェ〕を発音する。

3 에 (어+이) : 日本語の〔エ〕とほぼ同じ発音。

4 예 (여+이) : 日本語の〔イェ〕とほぼ同じ発音。

5 와 (오+아) : 日本語の〔ワ〕とほぼ同じ発音。

6 왜 (오+애) : 唇を丸めて〔ウェ〕を発音し、最後は唇を横に引く。

7 외 (오+이) : 最後まで唇を丸めたまま〔ウェ〕と発音する。

8 워 (우+어) : 唇を丸めて〔ウォ〕と発音し、最後は口を上下に大きく開く。

9 웨 (우+에) : 唇を軽く前に突き出しながら〔ウェ〕と発音する。

10 위 (우+이) : 唇を丸めて前に突き出しながら素早く〔ウィ〕と発音する。

11 의 (으+이) : 最後まで唇を横に引いたまま素早く〔으이〕を発音する。

Point 2 ハングルの21個の母音字(基本母音字10個+合成母音字11個)の辞書に出てくる配列順は次のとおりです。

1 ㅏ → 2 ㅐ → 3 ㅑ → 4 ㅒ → 5 ㅓ → 6 ㅔ → 7 ㅕ → 8 ㅖ
9 ㅗ → 10 ㅘ → 11 ㅙ → 12 ㅚ → 13 ㅛ
14 ㅜ → 15 ㅝ → 16 ㅞ → 17 ㅟ → 18 ㅠ → 19 ㅡ → 20 ㅢ → 21 ㅣ

Point 3 「ㅖ」の発音

合成母音字の「ㅖ」の初声として、「ㄹ(리을)とㅇ(이응)」以外の他の子音が使われると「ㅖ」の部分の発音は[ㅔ]になります。

例 예고[예고](予告)　　예외[예외](例外)

　　시계[시게](時計)　　세계[세게](世界)　　폐회[페회](閉会)

Point 4 「의」の発音

合成母音字の「의」の発音は次の3種類です。

1) [의]：1つの単語の第1音節(最初の文字)として使われるとき。
2) [이]：1つの単語の第2音節以後の文字として使われるときと、
　　　　「ㅇ(이응)」以外の他の子音が初声として使われるとき。
3) [에]：「〜の」の意味を表す所有格助詞として使われるとき。

例 의미[의미]：意味　　의사[의사]：医者　　의자[의자]：いす
　　예의[예이]：礼儀　　회의[회이]：会議　　희다[히다]：白い
　　코끼리의 코[코끼리에 코]：象の鼻
　　예의의 의미[예이에 의미]：礼儀の意味
　　세계의 시계[세게에 시게]：世界の時計

연습(練習)

1. 声に出して読んでみましょう。

1. 에 / 애   2. 예 / 얘   3. 와 / 워   4. 외 / 위
5. 왜 / 웨   6. 외 / 웨   7. 위 / 의

2. 書きながら読んでみましょう。

1. 에 / 예   2. 애 / 얘   3. 오아 / 우어   4. 오애 / 우에
5. 와 / 워 / 외   6. 왜 / 웨 / 위   7. 외 / 위   8. 왜 / 외 / 웨
9. 개 / 게 / 계   10. 내 / 네 / 늬   11. 얘 / 예 / 위
12. 롸 / 뤄 / 뤠   13. 홰 / 훼 / 회   14. 쇄 / 쇠 / 쉬

3. 字体と発音を正確に区別しながら読んでみましょう。

1. 내 / 네   냐 / 뉴   뫼 / 뮈   뭐 / 매
2. 뤄 / 뤼   레 / 뤠   화 / 훠   회 / 휘
3. 과 / 귀   캐 / 콰   꿰 / 꾀   궤 / 쿼
4. 뒤 / 되   태 / 퇴   떼 / 뛰   대 / 때
5. 뵈 / 봐   페 / 퓌   빼 / 쀠   베 / 패
6. 쉬 / 쇠   쒀 / 쏴
7. 제 / 재   취 / 춰   쫘 / 째   최 / 췌

4. 次の語彙を読んでみましょう。

1. 개(犬)   2. 게(かに)   3. 의사(医者)   4. 의자(いす)
5. 어휘(語彙)   6. 회사(会社)   7. 예고(予告)   8. 얘기(話)
9. 왜요?(なぜですか?)   10. 웨이터(ウエーター)

문제(問題)

1. ハングルの21個の母音字を読みながら、辞書に出てくる配列順に並べてみましょう。

1. 아-( )-야-( )-어-( )-여-( )-오-( )-( )-( )-요-우-( )-( )-( )-유-으-( )-이

2. ①（　　）-②（　　）-③（　　）-④（　　）-⑤（　　）-⑥（　　）-
　　⑦（　　）-⑧（　　）-
　　⑨（　　）-⑩（　　）-⑪（　　）-⑫（　　）-⑬（　　）-
　　⑭（　　）-⑮（　　）-⑯（　　）-⑰（　　）-⑱（　　）-
　　⑲（　　）-⑳（　　）-㉑（　　）

2. 次の語彙の発音を書いてみよう。

1. 의견[　　　](意見)　2. 의미[　　　](意味)　3. 의지[　　　](意志)
4. 주의[　　　](注意)　5. 호의[　　　](好意)　6. 회의[　　　](会議)
7. 무늬[　　　](模様)
8. 모래가 희다[　　　　　　](砂が白い)
9. 의사의 의자[　　　　　　](医者の椅子)
10. 아빠의 휴가[　　　　　　](パパの休暇)
11. 화가의 얘기[　　　　　　] 画家の話
12. 예고[　　　](予告)　13. 예매[　　　](前売り)
14. 예보[　　　](予報)　15. 세계[　　　](世界)
16. 폐지[　　　](廃止)　17. 개폐[　　　](開閉)

第4課 終声

Point 1 「終声」(≒받침)

1) これまで子音字+母音字の形を持つ文字を学びましたが(第1・2・3課を参照)、ハングルには子音字+母音字+子音字の形を持つ文字も数多くあります。この課では、『終声』(≒パッチム)として使われるときの子音について勉強します。各子音が終声として使われるときの発音は次のとおりです。

ㄱ ㄴ ㄷ ㄹ ㅁ ㅂ ㅅ ㅇ ㅈ ㅊ ㅋ ㅌ ㅍ ㅎ
[k n t l m p t ŋ t t k t p t]

2) 文字の形は異なっても同じ発音になるケースもあります。

例 각/갂 [ga^k]　닫/닷/닺/닻/닽 [da^t]　압/앞 [a^p]

Point 2

終声の「ㄴ・ㅁ・ㅇ」の発音は正確に区別しましょう。

例 간(肝)/감(柿)/강(川)　　반(半)/밤(夜)/방(部屋)

Point 3 「サンパッチム」(쌍받침)

第2課で学んだ5つの濃音のうち、『終声』(≒パッチム)として使われるㄲ[k](쌍기역)とㅆ[t](쌍시옷)の2つのことを「サンパッチム」(2個のみ)といいます。

Point 4 「キョッパッチム」(겹받침)

異なる2つの子音字からなるパッチムを「キョッパッチム」(全11個)といいます。겹받침は左右どちらか片方の子音だけを発音します。

겹받침： ㄱㅅ　ㄴㅈ　ㄴㅎ　ㄹㄱ　ㄹㅁ　ㄹㅂ　ㄹㅅ　ㄹㅌ　ㄹㅍ　ㄹㅎ　ㅂㅅ
　　　　 삯　　앉　　끊　　갃　　삶　　덟　　곬　　핥　　읊　　앓　　없
　　　　 [삭　 언　 끈　 각　 삼　 덜　 골　 할　 읍　 알　 업]

Point 5 「終声」の発音

ハングルの『終声』(≒パッチム)として使われる子音字は全部で27種類です。

〈基本子音字(14)＋쌍받침(2)＋겹받침(11)＝27〉

しかし、それらの発音は次の1)〜7)のどれかに属します。

発音	받침	用例
1) [k]	ㄱ ㅋ ㄲ	각 / 깎 / 밖
2) [n]	ㄴ	눈 / 돈 / 산
3) [t]	ㄷ ㅌ ㅅ ㅆ ㅈ ㅊ ㅎ	곧 / 끝 / 옷 / 낮 / 꽃
4) [l]	ㄹ	달 / 별 / 술
5) [m]	ㅁ	감 / 몸 / 밤
6) [p]	ㅂ ㅍ	밥 / 업 / 앞
7) [ŋ]	ㅇ	방 / 성 / 형

Point 6 「代表音」

上記1)、3)、6)は、複数の異なる받침が[k]、[t]、[p]と、同じ発音になります。

この際、一番左側の받침の「ㄱ、ㄷ、ㅂ」がそれぞれの複数の받침の**「代表音」**になります。「代表音」は、発音のルールを学ぶとき重要な概念として機能します。

発音どおりに書くときも次のように代表音を用います。

1) [k] : 억 − 억 [억]　　　묵 − 묶 [묵]
3) [t] : 갇 − 갓 − 갖 − 갔 − 같 [갇]
6) [p] : 압 − 앞 [압]　　　엽 − 옆 [엽]

연습(練習)

1. 正確に区別しながら読んでみましょう。

1. ① 억 / 엌　　② 맏 / 맛　　③ 빚 / 빛　　④ 압 / 앞
　⑤ 국 / 굳 / 굽　⑥ 덕 / 닫 / 답　⑦ 착 / 찯 / 찹
　⑧ 갓 / 갑 / 각　⑨ 밭 / 밥 / 박　⑩ 숯 / 숲 / 숙
　⑪ 굴 / 쿨 / 꿀　⑫ 발 / 팔 / 빨　⑬ 불 / 풀 / 뿔
　⑭ 돈 / 돔 / 동　⑮ 산 / 삼 / 상　⑯ 잔 / 잠 / 장
　⑰ 만 / 맘 / 망　⑱ 선 / 성 / 섬　⑲ 천 / 첨 / 청

2. ① 깎　꺾　낚　묶　밖　엮
　② 갔　랬　봤　섰　왔　했

2. 発音を確認しながら声に出して読んでみましょう。

1. 넋[넉]　삯[삭]　　2. 앉[안]　얹[언]　　3. 많[만]　끊[끈]
4. 닭[닥]　흙[흑]　　5. 삶[삼]　젊[점]　　6. 덟[덜]　짧[짤]
7. 곬[골]　　　　　8. 핥[할]　　　　　9. 읊[읍]
10. 잃[일]　끓[끌]　11. 값[갑]　없[업]

3. 次の語彙を読んでみましょう。

1. ① 예약[예약](予約)　　　② 계약[게약](契約)
　③ 예정[예정](予定)　　　④ 실례[실레](失礼)
　⑤ 의견[의견](意見)　　　⑥ 의문[의문](疑問)
　⑦ 민주주의의 의의[민주주이에 의이](民主主義の意義)
　⑧ 정의[정이](正義)　⑨ 희망[히망](希望)　⑩ 환희[화니](歓喜)
　⑪ 우리의 꿈[우리에 꿈](我々の夢)
　⑫ 친구의 책[친구의 책](友達の本)

　⑬ 시장(市場)−장남(長男)−남편(夫)−편지(手紙)−지붕(屋根)
　⑭ 여행(旅行)−행복(幸福)−복통(腹痛)−통근(通勤)−근처(近所)
　⑮ 일본(日本)−본문(本文)−문제(問題)−제목(題目)−목표(目標)

31

2. ① [k/ㄱ]: 꼭[꼭](必ず)　　떡[떡](餅)　　벽[벽](壁)　　밖[박](外)
　　　　　넋[넉](魂)　　삯[삭](賃)　　흙[흑](土)　　동녘[동녘](東方)

　② [n/ㄴ]: 눈[눈](雪)　　돈[돈](お金)　　손[손](手)　　연[연](凧)
　　　　　반년[반년](半年)　　전면[전면](前面)　　헌신[헌신](献身)

　③ [t/ㄷ]: 곧[곧](すぐ)　　꽃[꼳](花)　　끝[끋](終わり)　　옷[옫](服)
　　　　　밑[믿](下)　　벚꽃[벋꼳](桜の花)　　햇빛[핻삗](日差し)

　④ [l/ㄹ]: 별[별](星)　　달[달](月)　　탈[탈](仮面)　　딸[딸](娘)
　　　　　날개[날개](羽)　　벌꿀[벌꿀](蜂蜜)　　일류[일류](一流)

　⑤ [m/ㅁ]: 곰[곰](熊)　　김(海苔)　　봄[봄](春)　　힘[힘](力)
　　　　　마음[마음](心)　　점심[점심](昼食)　　임금님[임금님](王様)

　⑥ [p/ㅂ]: 굽[굽](かかと)　　밥[밥](ご飯)　　앞[압](前)　　옆[엽](横)
　　　　　입[입](口)　　잎[입](葉)　　집[집](家)　　짚[집](わら)

　⑦ [ŋ/ㅇ]: 강[강](川)　　땅[땅](土地)　　병[병](病気)　　빵[빵](パン)
　　　　　영광[영광](光栄)　　방향[방향](方向)　　성공[성공](成功)

문제(問題)

1. 次の語彙を発音どおりに書いてみましょう。

1. 미역[　　　](わかめ)　　밖[　　　](外)
   부엌[　　　](台所)　　닭[　　　](鶏)
2. 뜻[　　](意味)　솥[　　](釜)　곁[　　](傍ら, 傍)
   낫[　　](鎌)　낮[　　](昼)　낯[　　](顔)
   빗[　　](くし)　빚[　　](借金)　빛[　　](光)
3. 톱[　　　](のこぎり)　숲[　　　](森)
4. 계산[　　　](計算)　의문[　　　](疑問)　편의점[　　　](コンビニ)
5. 예정[　　　](予定)　강의[　　　](講義)　희망[　　　](希望)
6. 태풍의 눈[　　　　　　　　　](台風の目)
7. 교과서의 차례[　　　　　　　　　](教科書の目次)
8. 부모님의 은혜[　　　　　　　　　](親からの恩)
9. 세계의 부엌[　　　　　　　　　](世界の台所)
10. 장래의 계획[　　　　　　　　　](将来の計画)

第5課
助詞「〜は」・「〜も」と丁寧な文末語尾

회화(会話)

한누리：안녕하십니까? 저는 한누리입니다.
(韓ヌリ)　[안녕하심니까　　저는　　한누리임니다]
　　　　こんにちは。わたしは韓ヌリです。

스즈키：반갑습니다. 스즈키입니다.
(鈴木)　[반갑씀니다　　스즈키임니다]
　　　　お目にかかれて嬉しいです。鈴木です。

한누리：스즈키 씨는 대학생입니까?
　　　　[스즈키씨는 대학쌩임니까]　鈴木さんは大学生です。

스즈키：네, 대학생입니다. 저 사람은 누구입니까?
　　　　[네　대학쌩임니다　　저사라믄　　누구임니까]
　　　　はい、大学生です。あの人は誰ですか。

한누리：남동생입니다.
　　　　[남동생임니다]　弟です。

스즈키：남동생도 대학생입니까?
　　　　[남동생도　　대학쌩임니까]　弟さんも大学生ですか。

한누리：남동생은 중학생입니다.
　　　　[남동생은　　중학쌩임니다]　弟は中学生です。

어구(語句)

안녕하십니까?：こんにちは。　　저：わたし、私　　〜는：〜は
반갑습니다.：お目にかかれて嬉しいです。　〜 씨：〜さん　　대학생：大学生
네：はい　　저 〜：あの〜　　사람：人　　누구：誰　　〜은：〜は
남동생：弟、弟さん　　〜도：〜も　　중학생：中学生

Point 1　〜는/〜은 : 〜は

日本語の「〜は」に当たる主格助詞は次の2つです。

1. 母音+는	2. 子音+은

例 1. 배+는 → 배는 (梨は)　　　2. 귤+은 → 귤은 (ミカンは)

　　친구+는 → 친구는 (友達は)　　학생+은 → 학생은 (学生は)

Point 2　〜도 : 〜も

日本語の「〜も」に当たる助詞は「〜도」です。

✎ 強調の意を表す助詞の「〜も」は「〜(이)나」を使う

例 버스+도 → 버스도 (バスも)　　택시+도 → 택시도 (タクシーも)

　 호텔+도 → 호텔도 (ホテルも)　여관+도 → 여관도 (旅館も)

Point 3　〜입니다. (〜です。)　〜입니까? (〜ですか。)

日本語の「〜です。」に当たる丁寧な文末語尾が「〜입니다. (→↘)」で、その疑問形は「〜입니까? (↗)」です。

例 1. 언제 (いつ)+입니까? → 언제입니까? (いつですか。)

　 2. 오늘 (今日)+입니다. → 오늘입니다. (今日です。)

　 3. 동생 (弟/妹)+입니까? → 동생입니까? (弟/妹ですか。)

　 4. 친구 (友達)+입니다. → 친구입니다. (友達です。)

연습(練習)

1. 例と同じ形式の文を作ってみましょう。

    例 다나카 씨(田中さん) / 의사(医者) → 다나카 씨는 의사입니다.

    1. 친구(友達) / 기자(記者) →

    2. 아버지(お父さん) / 은행원(銀行員) →

    3. 어머니(お母さん) / 주부(主婦) →

    4. 형(兄) / 회사원(会社員) →

    5. 동생(弟) / 대학생(大学生) →

    6. 선생님(先生) / 교수(教授) →

2. 例と同じ形式の文を作ってみましょう。

    例 야마다(山田) / 일본 사람(日本人) → 야마다 씨도 일본 사람입니다.

    1. 김수원(金寿元) / 한국 사람(韓国人) →

    2. 첸보(銭波) / 중국 사람(中国人) →

    3. 스미스(スミス) / 미국 사람(米国人) →

    4. 슈미트(シュミット) / 독일 사람(ドイツ人) →

3. 例と同じ形式の文を作ってみましょう。

例 누나(姉) / 학생(学生) / 형(兄) →
    누나는 학생입니다. 형도 학생입니까?

1. 아버지(お父さん) / 회사원(会社員) / 어머니(お母さん) →

2. 사과(リンゴ) / 과일(果物) / 수박(スイカ) →

3. 김수원 씨(金寿元さん) / 한국 사람(韓国人) / 장인덕 씨(張仁徳さん) →

4. 편의점(コンビニ) / 이쪽(こちら) / 우체국(郵便局) →

문제(問題)

ハングルの文に直して、発音も書いてみましょう。

1. わたしは日本人です。
   (わたし：저)
2. 友達も韓国人ですか。
3. 休日はいつですか。
   (休日：휴일   いつ：언제)
4. 値段はいくらですか。
   (値段：값   いくら：얼마)
5. 非常口はどこですか。
   (非常口：비상구   どこ：어디)

第 6 課
助詞「～の」と「～が」＆否定形

회화(会話)

스즈키(鈴木)：여기가 어디입니까?
[여기가 어디임니까] ここはどこですか。

한누리(韓ヌリ)：서울입니다.
[서우림니다] ソウルです。

스즈키：서울이 한국의 수도입니까?
[서우리 한구게 수도임니까] ソウルは韓国の首都ですか。

한누리：네, 그렇습니다.
[네 그럳씀니다] はい、そうです。

스즈키：한누리 씨의 학교도 서울입니까?
[한누리씨에 학교도 서우림니까]
韓ヌリさんの学校もソウルですか。

한누리：아니요, 아닙니다. 서울이 아닙니다.
[아니요 아님니다 서우리 아님니다]
いいえ、ちがいます。ソウルではありません。

스즈키：집도 서울이 아닙니까?
[집또 서우리 아님니까] 家もソウルではありませんか。

한누리：아니요. 집은 서울입니다.
[아니요 지븐 서우림니다] いいえ、家はソウルです。

어구(語句)

여기：ここ	어디：どこ	서울：ソウル	한국：韓国　～의：～の
수도：首都	학교：学校	네：はい	그렇습니다：そうです
아니요：いいえ	아닙니다：ちがいます	집：家	

Point 1　〜의：〜の

日本語の「〜の」に当たる所有格助詞は「〜의」です。

※ 所有格助詞として使われる際の「〜의」は[에]と発音する(第3課を参照)

例　우리(我々)+의 이웃(隣人) → 우리의 이웃[우리에 이욷]
　　세계(世界)+의 평화(平和) → 세계의 평화[세게에 평화]
　　한국(韓国)+의 문화(文化) → 한국의 문화[한구게 무놔]
　　일본(日本)+의 역사(歴史) → 일본의 역사[일보네 역싸]

Point 2　〜가/〜이：〜が

日本語の「〜が」に当たる主格助詞は次の2つです。

「〜가」と「〜이」は、「〜は」と訳した方が自然な場合もあります。

1. 母音+가	2. 子音+이

例　1. 배+가 → 배가(梨が)　　2. 귤+이 → 귤이(ミカンが)
　　　친구+가 → 친구가(友達が)　　학생+이 → 학생이(学生が)

Point 3　〜가/〜이 아닙니다.：〜ではありません。
　　　　　　〜가/〜이 아닙니까?：〜ではありませんか。

「〜では」に当たる助詞として「〜가/〜이」が用いられることに注意しましょう。※ 否定疑問文に対する答え方は日本語と同じ

例　1. 배가 아닙니다./아닙니까?(梨ではありません。/ありませんか。)
　　　친구가 아닙니다./아닙니까?(友達はありません。/ありませんか。)
　　2. 귤이 아닙니다./아닙니까?(ミカンではありません。/ありませんか。)
　　　학생이 아닙니다./아닙니까?(学生ではありません。/ありませんか。)

Point 4　네, 그렇습니다.：はい、そうです。
　　　　　　아니요, 아닙니다.：いいえ、違います。

日本語と同じように、「네」か「그렇습니다」、「아니요」か「아닙니다」のどちらか片方だけを使うケースも多いです。

연습(練習)

1. 声に出して読んでみましょう。

1. 부모의 사랑[부모에 사랑](両親の愛情)
2. 친구의 우정[친구에 우정](友達の友情)
3. 우리의 희망[우리에 히망](我々に希望)
4. 삶의 환희[살메 화니](人生の歓喜)
5. 회의의 의장[회이에 의장](会議の議長)
6. 닭의 알이 달걀입니까?[달게 아리 달갸림니까](鶏の卵が鶏卵ですか)
7. 새로운 만남이 여행의 즐거움입니다.
   [새로운 만나미 여행에 즐거우밈니다](新しい出会いが旅行の楽しさです)

2. 例と同じ形式の文を作ってみましょう。

例 여기(ここ) / 어디(どこ) / 신촌(新村) →
여기가 어디입니까? 신촌입니다.

1. 회사(会社) / 어디(どこ) / 도쿄(東京) →

2. 오빠(兄) / 누구(だれ) / 저 사람(あの人) →

3. 생일(誕生日) / 언제(いつ) / 오늘(今日) →

4. 이것(これ) / 무엇(なに) / 사전(辞書) →

3. 例と同じ形式の文を作ってみましょう。

例 집(家) / 서울(ソウル) / 인천(仁川) → 집이 서울입니까?
　　　　　　　　　　　　　네, 그렇습니다. 서울입니다.
　　　　　　　　　　　　　아니요, 서울이 아닙니다. 인천입니다.

1. 아버지(お父さん) / 의사(医者) / 기자(記者) →

2. 친구(友達) / 일본 사람(日本人) / 한국 사람(韓国人) →

3. 여기(ここ) / 남대문(南大門) / 동대문(東大門) →

4. 생일(誕生日) / 오늘(今日) / 내일(明日) →

5. 이것(これ) / 잡지(雑誌) / 책(本) →

6. 그것(それ) / 우산(雨傘) / 양산(日傘) →

문제(問題)

ハングルの文に直して、発音も書いてみましょう。

1. ここがトイレですか。
    はい、そうです。トイレです。(トイレ：화장실)
2. これが本ですか。
    いいえ、違います。手帳です。(手帳：수첩)
3. それも教科書ですか。
    教科書ではありません。(教科書：교과서)
4. あの人が先生ですか。
    いいえ、先生ではありません。(先生：선생님)
5. 今日が誕生日ではありませんか。
    はい、今日ではありません。あさってです。(あさって：모레)

第7課
漢数詞と「月日の言い方」&「사이시옷」

회화(会話)

스즈키: **한누리 씨는 생일이 언제입니까?**
(鈴木)　　[한누리씨는　　생일이　　언제임니까]
　　　　韓ヌリさんの誕生日はいつですか。

한누리: **10월 4일입니다. 스즈키 씨는 생일이 언제입니까?**
(韓ヌリ)　[시월　사이림니다　　스즈키씨는　　생일이　　언제임니까]
　　　　10月4日です。鈴木さんの誕生日はいつですか。

스즈키: **6월 16일입니다.**
　　　　[유월　　심뉴기림니다]　6月16日です。

한누리: **몇 년생입니까?**
　　　　[면년생임니까]　何年生まれですか。

스즈키: **1996년생입니다.**
　　　　[천구백꾸심늉년생임니다　1996年生まれです。

　　　　한누리 씨의 전화 번호는 몇 번입니까?
　　　　　한누리씨에　　저놔버노는　　　면뻐님니까]
　　　　韓ヌリさんの電話番号は何番ですか。

한누리: **8765의4321입니다.**
　　　　[팔칠류고에　사사미이림니다]　８７６５の４３２１です。

스즈키: **네? 다시 한 번 천천히…….**
　　　　[네　다시　한번　　천처니]　はい？もう一度ゆっくり…。

한누리: **8765의4321입니다.**
　　　　[팔칠류고에　사사미이림니다]　８７６５の４３２１です。

스즈키: **한국말 숫자는 너무 어렵습니다.**
　　　　[한궁말　숟짜는　너무　어렵씀니다]
　　　　韓国語の数字はとっても難しいです。

어구(語句)

생일：誕生日　　언제：いつ　　몇 ～：何～、いくつの～　　～년생：～年生まれ
전화：電話　　번호：番号　　～번：～番　　다시 한 번：もう一回、もう一度
천천히：ゆっくり　　한국말：韓国語　　숫자：数字、数〈수(数)＋자(字)→숫자〉
너무：あまりにも、～すぎる　　어렵(습니)다：難しい(です)

Point 1　漢数詞

1) 韓国語の数詞にも日本語と同じように、漢数詞(いち、に、さん…)と固有数詞(一つ、二つ、三つ…)の2種類があります。この課では漢数詞について勉強します。

0	1	2	3	4	5	6	7	8	9	10
영/공	일	이	삼	사	오	육	칠	팔	구	십

百	千	万	億	兆
백	천	만	억	조

2) 日本語と同じ方法で数詞を組み合わせて色々な数を表しますが、千(천)と万(만)の前には1(일)を付けないのが一般的です。

例　11,111：만－천－백－십－일
　　1,111,345：백－십－일－만－천－삼백－사십－오
　　1兆1億1千万：일조－일억－천만
　　　　　　　　［일쪼］［이럭］

3) 電話番号の言い方は日本語と同じですが、普通下記1.を多く使います。

　　例 01-1345-6789(番)

　　　1. 공일의 일삼사오의 육칠팔구(번)

　　　　[공이레 일쌈사오에 육칠팔구(번)]

　　　2. 공일의 천삼백사십오의 육천칠백팔십구(번)

　　　　[공이레 천삼백싸시보에 육천칠백팔십꾸(번)]

4) 6(육)の発音に注意しましょう。

　　6：육　　86：팔십육 [팔씹뉵→팔씸뉵]　　106：백육[뱅뉵]

　　1,006：천육[천뉵]　　10,006：만육[만뉵]

Point 2　月日の言い方

「〜月」と「〜日」は、漢数詞の後にそれぞれ「〜월」と「〜일」を付けて言います。

✎ 「6月=유월」と「10月=시월」は육/십からパッチムが脱落する。
　「〜年」は「〜년」

1月	2月	3月	4月	5月	6月	7月	8月	9月	10月	11月	12月
일월	이월	삼월	사월	오월	유월	칠월	팔월	구월	시월	십일월	십이월
[이뤌]		사뤌				치뤌	파뤌			시비뤌	시비월]

6日	10日	11日	12日	16日	20日	21日	22日	31日
육 일	십 일	십일 일	십이 일	십육 일	이십 일	이십일 일	이십이 일	삼십일 일
[유길	시빌	시비릴	시비일	심뉴길	이시빌	이시비릴	이시비일	삼시비릴]

Point 3　「사이시옷」

　「사이」は「間」を意味する単語で、「시옷」はハングルの第7番目の基本子音字(ㅅ)の名称です。

　「사이시옷」は、母音で終わる名詞の後に他の名詞が付いて合成語(複合名詞)に変わる際、名詞と名詞の間に入り〈つまり先行名詞のパッチムになる〉、所有格助詞「〜의」と同じ機能をします。

例　비(雨)＋물(水)→ 빗물[빈물](雨水)
　　해(日)＋빛(光)→ 햇빛[핻삗](日の光)
　　뒤(後)＋날(日)→ 뒷날[된날](後日)
　　치(歯)＋솔(ブラシ)→ 칫솔[친쏠](歯ブラシ)
　　시내(小川)＋물(水)→ 시냇물[시낸물](小川の水)
　　바다(海)＋가(辺)→ 바닷가[바닫까](海辺)
　　어제(昨日)＋밤(夜)→ 어젯밤[어젣빰](昨夜)

연습(練習)

1. 次の数字の漢数詞の発音を確認しながら読んでみましょう。

1. 11：십일[시빌]　　　22：이십이[이시비]　　　33：삼십삼[삼십쌈]

   44：사십사[사십싸]　　　55：오십오[오시보]　　　66：육십육[육씸뉵]

   77：칠십칠[칠씹칠]　　　88：팔십팔[팔씹팔]　　　99：구십구[구십꾸]

2. 234：이백삼십사[이백쌈십싸]　　　1,986：천구백팔십육[천구백팔씸뉵]

   17,654：만칠천육백오십사[만칠천뉵빼고십싸]

   1兆1億3,579万2,846：일조일억－삼천오백칠십구만－이천팔백사십육

   　　　　　　　　　　[일쪼이럭－삼처노백칠씹꾸만－이천팔백싸심뉵]

2. 声に出して読んでみましょう。

1. 1月16日：일월 십육 일　　　2. 6月11日：유월 십일 일

   　　　　　[이뤌－심뉴길]　　　　　　　　　[유월－시비릴]

3. 10月22日：시월 이십이 일

   　　　　　　[시워－리시비일]

4. 1996年11月17日：천구백구십육 년 십일월 십칠 일

   　　　　　　　　　[천구백꾸심뉵년－시비뤌－십치릴]

5. 2005年6月6日：이천오 년 유월 육일

   　　　　　　　　[이처노년－뉴월－류길]

3. 声に出して読んでみましょう。

1. 고개(峠)＋길(道) → 고갯길[고갠낄](峠の道)
2. 귀(耳)＋병(病気) → 귓병[귇뼝](耳の病)
3. 호수(湖)＋가(ほとり) → 호숫가[호숟까](湖畔)
4. 이(歯)＋몸(体) → 잇몸[인몸](歯茎)
5. 나무(木)＋잎(葉) → 나뭇잎[나문닙](木の葉)

문제(問題)

1. 次の電話番号を最も一般的な方法で読み、その発音も書いてみましょう。

1. 098-765-4321：

   [　　　　　　　　　　　　　　　　　　　　　　　]

2. 016-346-6789：

   [　　　　　　　　　　　　　　　　　　　　　　　]

2. 次の文を読み、その発音も書いてみましょう。(数字は漢数詞で)

1. 이거 얼마입니까?　　　13,500원입니다.

   [　　　　　　　　　　　　　　　　　　　]

   (これいくらですか。　　13,500ウォンです。)

2. 실례지만 휴대폰 번호가 몇 번입니까?

   [　　　　　　　　　　　　　]

   (失礼ですが、携帯の番号は何番ですか。)

3. 123의945의876입니다.(123の945の876です。)

   [　　　　　　　　　　　　　]

4. 손님의 방 번호는 17층의 1721호입니다.

   [　　　　　　　　　　　　　]

   (お客様の部屋の番号は17階の1721号です。)

5. 국제 전화의 일본의 국가 번호는 81이고, 한국은 82입니다.

   [　　　　　　　　　　　　　　　　　　　]

   (国際電話の日本の国番号は81で、韓国は82です。)

3. ハングルの文に直して、発音も書いてみましょう。

1. 昨日の夜が昨夜です。

2. 今日は20○○年 ○○月 ○○日です。

3. 私の誕生日は○○○○年○○月○○日です。

47

第8課

「이/그/저/어느」と「여기/거기/저기/어디」&縮約形

회화(会話)

스즈키: 저기가 어딥니까?
(鈴木) [저기가 어딤니까] あそこはどこですか。

한누리: 면세점입니다.
(韓ヌリ) [면세저밈니다] 免税店です。

스즈키: 백화점이 아닙니까?
[배콰저미 아님니까] デパートではありませんか。

한누리: 네, 백화점이 아닙니다.
[네 배콰저미 아님니다] はい、デパートではありません。

스즈키: 그건 한누리 씨 가방입니까?
[그건 한누리씨 가방임니까]
それは韓ヌリさんのカバンですか。

한누리: 아니요, 내 게 아닙니다. 친구 겁니다.
[아니요 내께 아님니다. 친구껌니다]
いいえ、私のではありません。友達のものです。

스즈키: 화장실은 어딥니까?
[화장시른 어딤니까] トイレはどこですか。

한누리: 나도 잘 모르겠습니다.
[나도 잘 모르겓씀니다]
わたしもよく分かりません。

어구(語句)

어딥니까? : どこですか (「어디입니까?」の縮約形)　　면세점 : 免税店
백화점 : デパート　　그건 : それは (「그것은」の縮約形)　　가방 : カバン
내 게 : 私のものでは (「나의 것이」の縮約形)
~ 겁니다 : ~のものです (「것입니다」の縮約形)
화장실 : トイレ　　잘 : よく　　모르다 : 分からない

Point 1　이 ~/그 ~/저 ~/어느 ~

基本的に日本語の「この~」「その~」「あの~」「どの~」に当たる語で、名詞などの前でそれらを修飾するか、限定します。

구분(区分)	+것(もの)	+곳(所)	+때(時)	+사람(人)
1. 이~	이것(これ)	이곳(ここ)	이때(この時)	이 사람(この人)
2. 그~	그것(それ)	그 곳(そこ)	그때(その時)	그 사람(その人)
3. 저~	저것(あれ)	저 곳(あそこ)	저 때(あの時)	저 사람(あの人)
4. 어느~	어느것(どれ)	어느 곳(どこ)	어느 때(どの時)	어느 사람(どの人)

Point 2

場所や位置を表す単語では、「이~/그~/어느~」の形が一部変化します。

- 여기(ここ)　　・거기(そこ)　　・저기(あそこ)　　・어디(どこ)
  =이곳　　　　=그 곳　　　　=저 곳　　　　　=어느 곳

Point 3　縮約形

縮約形のある場合は、特に会話の中ではほとんどその縮約形を使い、会話を滑らかにします。

1. 意味：元の形	縮約形
① これ：이것	이거
② それ：그것	그거
③ あれ：저것	저거
④ どれ：어느것	어느거
⑤ これは：이것은	이건
⑥ それは：그것은	그건
⑦ あれは：저것은	저건
⑧ これが：이것이	이게
⑨ それが：그것이	그게
⑩ あれが：저것이	저게
⑪ どれが：어느것이	어느게

2. 意味：元の形	縮約形
① 僕の〜：나의 〜	내 〜
私の〜：저의 〜	제 〜
② 何ですか：무엇입니까?	뭡니까?
③ 〜のものです： (〜의) 것입니다.	〜 겁니다.
④ 〜のものですか： (〜의) 것입니까?	〜 겁니까?
⑤ 〜のものではありません： (〜의) 것이 아닙니다.	〜 게 아닙니다.
⑥ 〜のものではありませんか： (〜의) 것이 아닙니까?	〜 게 아닙니까?

3. 母音終わりの単語の後に続く「〜입니다./〜입니까?」の「이」は、特に会話ではよく縮約されます。

　　저입니다. → 접니다. (私です)　　　배입니다. → 뱁니다. (梨です)

연습(練習)

1. 声に出して読んでみましょう。

1. 이것이 사진입니다. → 이게 사진입니다. (これが写真です。)
2. 그것이 선물입니다. → 그게 선물입니다. (それがお土産です。)
3. 저것이 커피입니다. → 저게 커핍니다. (それがコーヒーです。)
4. 어느것이 방(의) 열쇠입니까? →

    어느게 방(의) 열쇱니까? (どれが部屋の鍵ですか。)

2. 声に出して読んでみましょう。

1. 이것은 나의 여권입니다. → 이건 내 여권입니다.

    (これはわたしのパスポートです。)

2. 그것은 누구(의) 수첩입니까? → 그건 누구(의) 수첩입니까?

    (それは誰の手帳ですか。)

3. 저것은 사토 씨(의) 카메라입니다. → 저건 사토 씨(의) 카메랍니다.

    (あれは佐藤さんのカメラです。)

4. 어느 것이 선생님(의) 시계입니까? → 어느 게 선생님(의) 시곕니까?

    (どれが先生の時計ですか。)

3. 声に出して読んでみましょう。

1. 이것이 무엇입니까? → 이게 뭡니까? (これは何ですか。)

    그것은 인삼차입니다. → 그건 인삼찹니다.

    (それは高麗人参茶です。)

2. 그것은 누구(의) 것입니까? → 그건 누구 겁니까? (それはだれのですか。)

    이것은 저의 친구(의) 것입니다. → 이건 제 친구 겁니다.

    (これは私の友達のです。)

3. 이인수 씨(의) 가방은 얼마입니까? → 이인수 씨 가방은 얼맙니까?

    (李仁秀さんのカバンはいくらですか。)

    그것은 나의 것이 아닙니다. → 그건 내 게 아닙니다.

    (それは僕のではありません。)

4. 어느 것이 이인수 씨(의) 가방입니까? → 어느 게 이인수 씨 가방입니까?

    (どれが李仁秀さんのカバンですか。)

    나의 것은 이것입니다. → 내 건 이겁니다. (僕のはこれです。)

문제(問題)

1. 例と同じ形式の文を作ってみましょう。

例 그것이 무엇입니까? (それは何ですか。) → 그게 뭡니까?

1. 비상구는 어디입니까? (非常口はどこですか。) →

2. 이것은 나의 휴대폰입니다. (これは僕の携帯です。) →

3. 저것은 누구의 사전입니까? (あれは誰の辞書ですか。) →

4. 이토 씨의 것이 아닙니까? (伊藤さんのではありませんか。) →

5. 어느 것이 선생님의 열쇠입니까? (どれが先生の鍵ですか。) →

2. 縮約形のあるのは縮約形を使いながらハングルの文に直し、発音も書いてみましょう。

1. あれは弟さんのメガネではありませんか。(弟:동생　メガネ:안경)
   はい、弟のものではありません。僕のです。

2. それは何ですか。お餅ではありませんか。(お餅:떡)
   いいえ、お餅ではありません。これは韓国のお菓子です。(お菓子:과자)

3. ここは海辺ですか。(海辺:바닷가)
   いいえ、海辺ではありません。湖畔です。(湖畔:호숫가)

53

第9課
語幹と「합니다体」&助詞「〜に」・「〜を」

회화 (会話)

한누리 : 스즈키 씨, 오늘 오후에는 뭘 합니까?
(韓ヌリ)　　[스즈키씨　오늘　오후에는　뭘　함니까]
　　　　　鈴木さん、今日の午後は何をしますか。

스즈키 : 도서관에 갑니다. 책을 읽습니다.
(鈴木)　　[도서과네　감니다　채글　익씀니다]
　　　　　図書館に行きます。本を読みます。

한누리 : 난 미용실에 갑니다. 머리가 깁니다.
　　　　　[난　미용시레　감니다.　머리가　김니다]
　　　　　私は美容室に行きます。髪が長いです。

스즈키 : 주말에는 뭘 합니까?
　　　　　[주마레는　뭘　함니까] 週末には何をしますか。

한누리 : 공원에 갑니다. 많이 걷습니다. 스즈키 씨는?
　　　　　[공워네　감니다　마니　걷씀니다　스즈키씨는]
　　　　　公園に行きます。たくさん歩きます。鈴木さんは?

스즈키 : 난 고향에 전화를 겁니다. 요리도 만듭니다.
　　　　　[난　고향에　저놔를　검니다　요리도　만듬니다]
　　　　　僕は故郷に電話を掛けます。料理も作ります。

어구 (語句)

오늘 : 今日(の)　　오후에는 : 午後(に)は　　뭘 : 何を(무엇을の縮約形)
하다 : する　　도서관 : 図書館　　가다 : 行く　　책 : 本　　읽다 : 読む
난 : 私は、僕は(나는の縮約形)　　미용실 : 美容室　　머리 : 髪(の毛)　　길다 : 長い
주말 : 週末　　공원 : 公園　　많이 : たくさん　　걷다 : 歩く
고향 : 故郷　　전화 : 電話　　걸다 : 掛ける　　요리 : 料理　　만들다 : 作る

Point 1　用言と体言

・**用言**：動詞・形容詞・存在詞・指定詞の4つの品詞を用言と言います。
　　　　用言は活用(原形の形が変化する)します。

> 存在詞：있다(いる/ある)、없다(いない/ない)など
>
> 指定詞：〜이다(〜だ)、〜가/이 아니다(〜ではない)

・**体言**：名詞・代名詞・数詞の体言は活用しません。

Point 2　語幹

　韓国語の用言の原形は全て「〜다」で終わり、原形から「〜다」を除いた部分を語幹といいます。語幹には次の3種類があります。

1. **母音語幹**：母音で終わる語幹
　　　　　　하다(する)　　가다(行く)　　크다(大きい)…
2. **子音語幹**：子音で終わる語幹
　　　　　　먹다(食べる)　걷다(歩く)　　작다(小さい)…
3. **ㄹ(리을)語幹**：「ㄹ」で終わる語幹
　　　　　　걸다(掛ける)　놀다(遊ぶ)　　길다(長い)…

Point 3 「합니다体」

・丁寧な叙述形語尾の「〜ㅂ니다．　〜습니다．」：〜です。/ 〜ます。
・丁寧な疑問形語尾の「〜ㅂ니까?　〜습니까?」：〜ですか。/ 〜ますか。

1. 母音語幹 + ㅂ니다./ㅂ니까?

   例 가다(行く) → 갑니다. (行きます。) / 갑니까?(行きますか。)
   　보다(見る) → 봅니다. (見ます。) / 봅니까?(見ますか。)

2. 子音語幹 + 습니다./습니까?

   例 먹다(食べる) → 먹습니다. (食べます。) / 먹습니까?(食べますか。)
   　있다(いる) → 있습니다. (います・あります。) / 있습니까?
   　　　　　　　　　　　　　　　　　　　(いますか・ありますか。)

3. ㄹ語幹(脱落)+ㅂ니다./ㅂ니까?

   例 알다(分かる) → 압니다. (わかります。) / 압니까?(わかりますか。)
   　놀다(遊ぶ) → 놉니다. (遊びます。) / 놉니까?(遊びますか。)

Point 4 ～에 : ～に

日本語の1.進行方向を示す助詞「～に、～へ」に当たる助詞が「～에」です。
「～에」は2.時・期間や3.場所・位置などを示す機能も持っています。

✎ 特に会話では、「여기/거기/저기/어디」の後に続く「～에」はよく省略される

例 1. 어디(에) 갑니까?　　경주에 갑니다.
　　　(どこへ行きますか。)　(慶州へ行きます。)

　 2. 몇 월에 옵니까?　　시월에 옵니다.
　　　(何月に来ますか。)　(10月に来ます。)

　 3. 거기(에) 있습니까?　저기에도 있습니다.
　　　(そこにありますか。)　(あそこにもあります。)

Point 5 ～를/～을 : ～を

日本語の「～を」に当たる目的格助詞は次の2つです。

1. 母音+를	2. 子音+을

例 1. 배+를 → 배를 (梨を)　　2. 귤+을 → 귤을 (ミカンを)
　　 친구+를 → 친구를 (友達を)　　학생+을 → 학생을 (学生を)

연습(練習)

1. 例と同じ形式の文を作ってみましょう。

   例 노래(歌) / 부르다(歌う) → 노래를 부릅니까?
   네, 노래를 부릅니다.

   1. 일기(日記) / 쓰다(書く) →

   2. 영화(映画) / 보다(観る) →

   3. 공부(勉強) / 하다(する) →

   4. 음악(音楽) / 듣다(聴く) →

   5. 사과(リンゴ) / 먹다(食べる) →

   6. 사진(写真) / 찍다(撮る) →

   7. 소설(小説) / 읽다(読む) →

   8. 전화(電話) / 걸다(掛ける) →

   9. 이름(名前) / 알다(知っている) →

   10. 창문(窓) / 열다(開ける) →

2. 例と同じ形式の文を作ってみましょう。

例) 어디(どこ) / 가다(行く) / 고향(故郷) → 어디(에) 갑니까?

고향에 갑니다.

1. 언제 (いつ) / 만나다 (会う) / 오후 (午後) →

2. 며칠 (何日) / 오다 (来る) / 8일 (8日) →

3. 어디 (どこ) / 있다 (いる) / 여기 (ここ) →

4. 몇 월 (何月) / 떠나다 (発つ) / 6월 (6月) →

문제(問題)

ハングルの文に直して、発音も書いてみましょう

1. 朝、何を食べますか。　　　パンを食べます。(食べる：먹다　パン：빵)

2. 午後、どこに行きますか。　　コンビニに行きます。(コンビニ：편의점)

3. 何月何日に来ますか。　　　10月10日に来ます。(何月何日：몇 월 며칠)

4. 日曜日(に)、何をしますか。　韓国料理を作ります。(日曜日：일요일)

5. いつ電話を掛けますか。　　夜(に)電話を掛けます。(夜：밤)

第10課
助詞「〜と」&陽母音・陰母音と「해요体」

회화(会話)

스즈키: 공원에는 누구랑 갑니까?
(鈴木) [공워네는 누구랑 갑니까] 公園には誰と行きますか。

한누리: 가족하고 같이 가요.
(韓ヌリ) [가조카고 가치 가요]
家族と一緒に行きます。

　　　　스즈키 씨는 혼자 살아요?
　　　　[스즈키씨는 혼자 사라요]
　　　　鈴木さんは一人暮らしですか。

스즈키: 아니요, 친구하고 둘이서 삽니다.
　　　　[아니요 친구하고 두리서 삼니다]
　　　　いいえ、友達と二人で住んでいます。

　　　　가족은 일본에 있어요.
　　　　[가조근 일보네 이써요] 家族は日本にいます。

한누리: 기숙사는 어디예요? 신촌이에요?
　　　　[기숙싸는 어디에요 신초니에요]
　　　　寮はどこですか。新村ですか。

스즈키: 신촌이 아니에요. 신림동이에요. 좀 멀어요.
　　　　[신초니 아니에요 실림동이에요. 좀 머러요]
　　　　新村ではありません。新林洞です。少し遠いです。

한누리: 시간이 많이 걸려요?
　　　　[시가니 마니 걸려요] 時間が大分かかりますか。

스즈키: 네. 그래서 매일 아침 일찍 일어나요.
　　　　[네 그래서 매일 아침 일찍 이러나요]
　　　　はい。それで毎朝早く起きます。

어구(語句)

누구 : 誰　　가다 : 行く　　같이 : 一緒に、ともに　　혼자(서) : 一人で
살다 : 住む、暮らす　　둘이(서) : 二人で　　기숙사 : 寄宿舎、寮
신촌 : 新村(地名)　　신림동 : 新林洞(地名)　　좀 : 少し、ちょっと　　멀다 : 遠い
시간 : 時間　　많이 : 大分、たくさん　　걸리다 : かかる　　그래서 : それで
매일 : 毎日　　아침 : 朝　　일찍 : 早く　　일어나다 : 起きる

Point 1　1. ~와/과　2. ~랑/이랑　3. ~하고 : ~と

日本語の「~と」に当たる助詞で、会話では2.と3.が多く使われます。

1. 母音+와 子音+과	2. 母音+랑 子音+이랑	3. 母音・子音+하고

例　ビザとパスポート　⇔　パスポートとビザ

1. 비자와 여권 ⇔ 여권과 비자
2. 비자랑 여권 ⇔ 여권이랑 비자
3. 비자하고 여권 ⇔ 여권하고 비자

Point 2　陽母音と陰母音

陽母音と陰母音は、用言の活用において非常に重要なポイントになる概念で、陽性母音、陰性母音とも言います。

陽母音：ㅏ　ㅗ(ㅑ　ㅘ　ㅛ)	陰母音：陽母音以外の母音

- 陽語幹：語幹の最後の音節に陽母音が含まれている語幹。
- 陰語幹：陽語幹以外の語幹。
- 「하」語幹：語幹の最後の音節が「하」の場合は、他の陽語幹とは異なる変則活用をするので、別途「하変則用言」と呼ぶ。

Point 3　「해요体」:〜아요/〜어요・〜예요/〜이에요

1) 第9課Point3の「합니다体」(〜ㅂ니다./〜습니다.　〜です。〜ます。)がかしこまった表現の丁寧な文末語尾であるのに対し、「해요体」は親しみを感じさせる打ち解けた表現の丁寧な文末語尾で、特に会話の中でよく用いられます。
また、形をそのままにしてイントネーションを上げるだけで、疑問形に変えることができます。

> 主に動詞の場合、「해요体」は「〜(し)てください。」、「〜しましょう。」という表現としても使う

・陽語幹+아요./아요?：작다(小さい)→작아요./작아요?
・陰語幹+어요./어요?：적다(少ない)→적어요./적어요?
・「하」語幹+여요.=해요./「하」語幹+여요?=해요?： 　　　　　　말하다(話す)→말해요./말해요?

2)「해요体」の縮約形

次の①～⑩の場合は、一部の例外を除き、ほとんど縮約された形を使います。

① ㅏ+아요 → ㅏ요 :　가다(行く)→ 가요. / 가요?
② ㅗ+아요 → ㅘ요 :　오다(来る)→ 와요. / 와요?

③ ㅐ+어요 → ㅐ요 :　내다(出す)→ 내요. / 내요?
④ ㅓ+어요 → ㅓ요 :　서다(立つ)→ 서요. / 서요?
⑤ ㅔ+어요 → ㅔ요 :　세다(強い)→ 세요. / 세요?
⑥ ㅕ+어요 → ㅕ요 :　켜다(点ける)→ 켜요. / 켜요?
⑦ ㅚ+어요 → ㅙ요 :　되다(なる)→ 돼요. / 돼요?
⑧ ㅜ+어요 → ㅝ요 :　배우다(習う)→ 배워요. / 배워요?
⑨ ㅣ+어요 → ㅕ요 :　마시다(飲む)→ 마셔요. / 마셔요?

⑩ 하+여요 → 해요 :　하다(する)→ 해요. / 해요?

3) 指定詞の「해요体」〈第5課Point3と第9課Point1を参照〉

・母音+예[에]요. /예[에]요?：여기(ここ)+예요 → 여기예요. /여기예요?
・子音+이에요. /이에요?：귤(みかん)+이에요 → 귤이에요. /귤이에요?
・아니+에요. /에요?：여기가 아니에요. /여기가 아니에요?
　　　　　　　　　　귤이 아니에요. /이 아니에요?

연습(練習)

1. 例と同じように作ってみましょう。

例 사과(リンゴ)/수박(スイカ): ① 사과와 수박/수박과 사과
② 사과랑 수박/수박이랑 사과 ③ 사과하고 수박/수박하고 사과

1. 누나(姉)/남동생(弟): ①
   ② ③
2. 언니(姉)/여동생(妹): ①
   ② ③
3. 친구(友達)/애인(恋人): ①
   ② ③

2. 例と同じ形式の文を作ってみましょう。

例 길을 찾다.(道を探す) → 길을 찾아요.

1. 외국에 가다.(外国へ行く) →
2. 주소를 알다.(住所を知ている) →
3. 언제 오다.(いつ来る) →
4. 무게를 재다.(重さを計かる) →
5. 담배를 피우다.(タバコをすう) →
6. 커피를 마시다.(コーヒーを飲む) →
7. 무엇을 구경하다.(何を見物する) →
8. 호텔은 여기이다.(ホテルはここだ) →
9. 취미는 여행이다.(趣味は旅行だ) →
10. 휴일이 아니다.(休日ではない) →

64

문제(問題)

1. 例と同じように、【　】の中を完成してみましょう。

例　남다(残る) →　　　　남아요.　남아요?　남습니다.　남습니까?

1. 살다(暮す) →　　　　살아요.　살아요?　【　　　】【　　　】
2. 좁다(狭い) →　　　　【　　　】【　　　】좁습니다.　좁습니까?
3. 보다(見る) →　　　　【　　　】【　　　】봅니다.　　봅니까?
4. 깨다(覚める) →　　　【　　　】【　　　】깹니다.　　깹니까?
5. 열다(開ける) →　　　열어요.　열어요?　【　　　】【　　　】
6. 비우다(空ける) →　　비워요.　비워요?　【　　　】【　　　】
7. 세우다(建てる) →　　【　　　】【　　　】세웁니다.　세웁니까?
8. 모이다(集まる) →　　【　　　】【　　　】모입니다.　모입니까?
9. 일하다(働く) →　　　【　　　】【　　　】일합니다.　일합니까?
10. 공부하다(勉強する) →【　　　】【　　　】공부합니다.　공부합니까?

✎ 3.は「봐요」もよく使われる

2. 例と同じ形式の文に直して、発音も書いてみましょう。

例　이것은 얼마입니까? (これはいくらですか。) → 이건 얼마예요?

1. 여기는 서울입니까? (ここはソウルですか。)→
2. 아침에 빵이랑 야채를 먹습니다.(朝、パンと野菜を食べます。)→
3. 저는 음악을 좋아합니다.(私は音楽が好きです。)→
4. 뭐랑 뭐가 맛있습니까? (何と何がおいしいですか。)→
5. 누구하고 얘기합니까? (誰と話しますか。)→

第11課
固有数詞と時刻の言い方&助詞「〜から〜まで」

회화(会話)

한누리:스즈키 씨는 아침에 몇 시쯤 일어나요?
(韓ヌリ)　[스즈키씨는　아치메　멷씨쯤　이러나요]
　　　　鈴木さんは朝何時頃に起きますか。

스즈키:여섯 시 반에 일어나요.
(鈴木)　[여섣씨　바네　이러나요] 6時半に起きます。

한누리:집에서 학교까지 얼마쯤 걸려요?
　　　　[지베서　학꾜까지　얼마쯤　걸려요]
　　　　家から学校までどのぐらいかかりますか。

스즈키:한 시간쯤 걸려요.
　　　　[한시간쯤　걸려요] 1時間ぐらいかかります。

한누리:학교는 몇 시부터 몇 시까지예요?
　　　　[학꾜는　멷씨부터　멷씨까지에요]
　　　　学校は何時から何時までですか。

스즈키:여덟 시 50분부터 네 시 10분까지예요.
　　　　[여덜씨　오십뿐부터　네시　십뿐까지에요]
　　　　8時50分から4時10分までです。

한누리:점심은 언제 먹어요?
　　　　[점시믄　언제　머거요] 昼はいつ食べますか。

스즈키:열두 시쯤 먹어요.
　　　　[열뚜시쯤　머거요] 12時頃に食べます。

어구(語句)

아침에:朝(に)　　〜쯤:〜頃、〜ぐらい　　반:半　　일어나다:起きる
얼마쯤:どのぐらい、どれぐらい　　걸리다:かかる　　학교:学校
점심:昼食、昼　　먹다:食べる

Point 1　固有数詞

日本語の「1つ、2つ、3つ…」に相当する数詞を固有数詞といいます。
固有数詞は1つ～十までだけではなく、20～90もあります。

1つ	2つ	3つ	4つ	5つ	6つ	7つ	8つ	9つ	十
하나	둘	셋	넷	다섯	여섯	일곱	여덟	아홉	열

20	30	40	50	60	70	80	90	…	99
스물	서른	마흔	쉰	예순	일흔	여든	아흔	…	아흔아홉

Point 2　한~/두~/세~/네~/스무~ 〈固有数詞の連体形〉

「하나~넷」と「스물」は後ろに名詞や助数詞〈何かを数える時の単位〉が来ると、形が変化します。

구분(区分)	~사람(人) / ~명(名)	~개(個)	~시(時)	~번(回)
하나	한 사람/한 명	한 개	한 시	한 번
둘	두 사람/두 명	두 개	두 시	두 번
셋	세 사람/세 명	세 개	세 시	세 번
넷	네 사람/네 명	네 개	네 시	네 번
⋮	⋮	⋮	⋮	⋮
스물	스무 사람/스무 명	스무 개	스무 시	스무 번
스물하나	스물한 사람/스물한 명	스물한 개	스물한 시	스물한 번
스물둘	스물두 사람/스물두 명	스물두 개	스물두 시	스물두 번
⋮	⋮	⋮	⋮	⋮

Point 3　時刻の言い方

　時刻を言う時、「〜시(時)」の前では固有数詞を、「〜분(分)」と「〜초(秒)」の前では漢数詞を使います。日本語と同じく「〜시 반(〜時半)」と「〜분 전(〜分前)」という表現も幅広く使われます。また、24時制の言い方もあります。

- 今何時ですか。：지금 몇 시예요? / 몇 시입니까?
- 午前11時半：오전 열한 시 반이에요.
　　　　　　＝오전 열한 시 삼십 분입니다.
- 午後2時50分：오후 두 시 오십 분입니다.
　　　　　　＝오후 세 시 십 분 전입니다.
- (昼)12時ちょうど：(낮) 열두 시 정각입니다.
　　　　　　＝정오((正午))예요.
- (夜)12時ちょうど：(밤) 열두 시 정각이에요.
　　　　　　＝자정((子正))입니다.
- 午後8時26分：오후 여덟 시 이십육 분입니다.
　　　　　　＝스무 시 이십육 분이에요.

Point 4　〜から〜まで

「AからBまで」という表現を作る際、

1. AとBが〈人間・時間〉の意を表す場合は〈A부터 B까지〉を、
2. AとBが〈場所・位置〉の意を表す場合は〈A에서 B까지〉を用います。

✎「에서」は「〜で、〜にて」という意味もある。第13課Point1を参照

1.〈人間・時間〉の意を表す場合：〜부터　〜까지
2.〈場所・位置〉の意を表す場合：〜에서　〜까지

例 1. 오늘 발표는 누구부터 누구까지예요?
（今日の発表は誰から誰までですか。）

아침부터 저녁까지 일해요.
（朝から夕方まで働きます。）

내일부터 언제까지가 휴가예요?
（明日からいつまでが休みですか。）

2. 집에서 역까지 멀어요?
（家から駅まで遠いですか。）

나리타에서 인천까지 두 시간쯤 걸려요.
（成田から仁川まで2時間ぐらいかかります。）

서울에서 부산까지는 약 420킬로미터예요.
（ソウルから釜山までは約420㎞です。）

연습(練習)

1. 声に出して読んでみましょう。

열넷[열렏](14)　　　스물여섯[스물려섣](26)　　　서른일곱[서르닐곱](37)

마흔여덟[마흔녀덜](48)　　쉰여섯[쉰녀섣](56)　　예순일곱[예수닐곱](67)

일흔여덟[이른녀덜](78)　　여든여섯[여든녀섣](86)　　아흔셋[아흔섿](93)

백열여섯[배결려섣/뱅녈려섣](116)

2. 声に出して読んでみましょう。

1. 실례지만, 지금 몇 시예요? (失礼ですが、今何時ですか。)
　　［실례지만 지금 멷씨에요］

2. 오전·오후 아홉 시 이십육 분이에요. (午前·午後9時26分)
　　［오전·오후 아홉씨 이심뉵뿌니에요］

3. 세 시 반입니다./삼십 분입니다. (3時半/30分)
　　［세시 바님니다/삼시뿌님니다］

4. 여섯 시 십오 분 전입니다. (6時15分前)
　　［여섣씨 시보분저님니다］

5. 밤 열두 시 정각, 자정입니다. (夜12時ちょうど)
　　［밤 열뚜시 정각 자정임니다］

3. 声に出して読んでみましょう。

1. 오늘부터 글피까지 수학 여행을 가요. (今日からしあさってまで
　　［오늘부터 글피까지 수항녀행을 가요］　 修学旅行に行きます。)

2. 12시부터 1시까지는 점심 시간이에요. (12時から1時までは
　　［열뚜시부터 한시까지는 점심씨가니에요］　 昼休みの時間です。)

70

3. 어디(에)서 어디까지가 팔이에요?(どこからどこまでが腕ですか。)
   [어디(에)서 어디까지가 파리에요]

4. 여기(에)서 공항까지 얼마예요?(ここから空港までいくらですか。)
   [여기(에)서 공항까지 얼마에요]

5. 호텔에서 거기까지 택시 요금이 얼마쯤 나와요?
   (ホテルからそこまでタクシー代はどのぐらい出ますか。)
   [호테레서 거기까지 택씨 요그미 얼마쯤 나와요]

문제(問題)

「해요体」の文(〜아요/〜어요形)に直して、発音も書いてみましょう。

1. 外国人の友達が１人います。(外国人の友達：외국인 친구)
2. １日は２４時間です。(1日：하루   時間：시간)
3. 午前８時に駅を出発します。(駅：역   出発：출발)
4. 午後３時にお茶を飲みます。(お茶：차   飲む：마시다)
5. 夜１２時半から朝７時まで寝ます。(夜：밤   朝：아침   寝る：자다)
6. いつからいつまで休みですか。(休み、休暇：휴가)
7. １月から３月まで学校の休みです。(学校の休み：방학)
8. 銀行から郵便局まで５分かかります。(銀行：은행   郵便局：우체국)
9. 東京から大阪まで何時間ぐらいかかりますか。
   (東京：도쿄   大阪：오사카)
10. 毎日家から公園まで走ります。
    (毎日：매일   家：집   公園：공원   走る：뛰다)

第12課
「曜日」と「5W1H+얼마」& 否定形

회화(会話)

한누리: 학교는 무슨 요일에 가요?
(韓ヌリ) [학꾜는 무슨뇨이레 가요] 学校は何曜日に行きますか。

스즈키: 월요일부터 금요일까지예요.
(鈴木) [워료일부터 그묘일까지에요 月曜日から金曜日までです。

토·일은 수업이 없어요.
　　　　토·이른 　수어비 　업써요] 土日は授業がありません。

한누리: 토요일하고 일요일에는 뭘 해요?
　　　　[토요이라고 　이료이레는 　뭘 해요]
　　　　土曜日と日曜日(に)は何をしますか。

스즈키: 집에 있어요. 아무데도 안 가요. 숙제를 해요.
　　　　[지베 이써요 　아무데도 　안가요 　숙쩨를 　해요]
　　　　家にいます。どこにも行きません。宿題をします。

한누리: 숙제가 많아요?
　　　　[숙쩨가 　마나요] 宿題が多いですか。

스즈키: 그다지 많지 않아요.
　　　　[그다지 　만치아나요] それほど多くありません。

그런데 한누리 씨는 어디서 알바를 해요?
　　　　그런데 　한누리씨는 　어디서 　알바를 　해요]
　　　　ところで韓ヌリさんはどこでバイトをやっていますか。

한누리: 요즘은 알바 안 해요. 왜요?
　　　　[요즈믄 　알바 　아내요 　왜요]
　　　　最近はバイトをやっていません。どうしてですか。

스즈키: 으음~, 아무것도 아니에요.
　　　　[으음 　아무걷또 　아니에요] ウム、何でもありません。

> **어구**(語句)
>
> 무슨 요일:何曜日　　수업:授業　　숙제:宿題　　많다:多い
> 그다지:それほど　　그런데:ところで　　알바:バイト(「아르바이트」を縮めて言う語)　　요즘:最近、この頃　　으음:ウム

Point 1　요일:曜日

曜日名は日本語と同じ漢字を使いますが、「土曜・日曜」のように「〜曜」で終わる言い方はほとんど使わず、「日」まで付けて「〜曜日」と言うのが一般的です。

- 月曜日：월요일[워료일]
- 火曜日：화요일
- 水曜日：수요일
- 木曜日：목요일[모교일]
- 金曜日：금요일[그묘일]
- 土曜日：토요일
- 日曜日：일요일[이료일]

例　오늘은 무슨 요일입니까?
　　(今日は何曜日ですか。)

월요일부터 금요일까지 학교에 가요.
(月曜から金曜まで学校へ行きます。)

화요일과 목요일이 휴일이에요.
(火曜と木曜日が休日です。)

토요일하고 일요일은 집에서 쉬어요.
(土曜と日曜日は家で休みます。)

Point 2 5W1H+얼마

- 누가： 誰が〈누구+가(×) → 누가(○)〉
- 언제：いつ
- 어디서： どこで〈어디+에서＝어디서〉
- 무엇을： 何を〈무엇+을 → 무엇을：縮約形は「뭘」〉
- 어떻게：どのように、どういうふうに
- 왜：なぜ
- 얼마： いくら

Point 3 否定形

1. 動詞と形容詞の否定形は次の2種類があります。

   - 前置否定形：안+動詞・形容詞
   - 後置否定形：動詞と形容詞の語幹+지 않다

   例 보다(見る)：안 보다 ↔ 보지 않다　크다(大きい)：안 크다 ↔ 크지 않다
   　 읽다(読む)：안 읽다 ↔ 읽지 않다　작다(小さい)：안 작다 ↔ 작지 않다

2. 「名詞+하다」の形を持つ動詞の前置否定形は〈名詞＋안＋하다〉

   例 예약하다(予約する)：예약 안 하다 ↔ 예약하지 않다
   　 약속하다(約束する)：약속 안 하다 ↔ 약속하지 않다
   　 전화하다(電話する)：전화 안 하다 ↔ 전화하지 않다

3. 存在詞「있다(いる、ある)」の否定は「없다(いない、ない)」
   指定詞「〜이다(〜だ)」の否定は「〜(가/이) 아니다(〜ではない)」

   🔖 第9課Point1を参照

Point 4　아무도 (誰も)/아무것도 (何も)/아무데도 (どこにも)

「누구：誰」、「무엇：何」、「어디：どこ」に助詞「도：も」が付き、その後ろに否定形や否定などの意を表す語が続くと表現が変わります。

- 誰も＋否定(形)：**아무도**＋否定(形)
- 何も＋否定(形)：**아무것도**＋否定(形)
- どこにも＋否定(形)：**아무데도**＋否定(形)

例　아무도 없어요. (誰もいません。)
　　아무도 안 먹어요. (誰も食べません。)
　　아무것도 없어요. (何もありません。)
　　아무것도 읽지 않아요. (何も読みません。)
　　아무데도 없어요. (どこにもいません。/どこにもありません。)
　　아무데도 가지 않아요. (どこにも行きません。)

연습 (練習)

1. 声に出して読んでみましょう。

月曜日：월요일　　火曜日：화요일　　水曜日：수요일　　木曜日：목요일

金曜日：금요일　　土曜日：토요일　　日曜日：일요일

2. 声に出して読んでみましょう。

1. 사다(買う)：안 사요. ↔ 사지 않아요.
2. 싸다(安い)：안 싸요. ↔ 싸지 않아요.
3. 작다(小さい)：안 작아요. ↔ 작지 않아요.
4. 적다(少ない)：안 적어요. ↔ 적지 않아요.

3. 声に出して読んでみましょう。

1. 일하다(働く)：일 안 해요. ↔ 일하지 않아요.
2. 공부하다(勉強する)：공부 안 해요. ↔ 공부하지 않아요.
3. 연락하다(連絡する)：연락 안 해요. ↔ 연락하지 않아요.
4. 출발하다(出発する)：출발 안 해요. ↔ 출발하지 않아요.

4. 声に出して読んでみましょう。

1. 있다(いる、ある)：홍차는 없습니다. 커피는 있어요.
   　　　　　　　(紅茶はありません。コーヒーはあります。)
2. ~이다(~だ) / ~〈가/이〉 아니다(~ではない)：
   이건 한일사전입니다. 일한사전이 아니에요.
   (これは韓日辞書です。日韓辞書ではありません。)

5. 声に出して読んでみましょう。

1. 방에 아무도 없습니다. (部屋にだれもいません。)
2. 오늘은 아무것도 안 해요? (今日は何もしませんか。)
3. 내일은 아무데도 가지 않습니다. (明日はどこにも行きません。)

문제 (問題)

「해요体」の文(～아요/～어요形)に直して、発音も書いてみましょう。

1. 10月17日は何曜日ですか。
2. これいくらですか。　　1万6千ウォンです。(ウォン：원)
3. 空港までは誰が一緒に行きますか。(空港：공항　一緒に：같이)
4. ここから日本大使館までどのように行きますか。(大使館：대사관)
5. なぜ明後日から水曜まで会社を休みますか。

　　(明後日：모레　休む：쉬다)
6. 酒は飲みません。タバコも吸いません。

　　(酒：술　飲む：마시다　タバコ：담배　吸う：피우다)
7. 金曜日と土曜日は勉強しませんか。(勉強する：공부하다)
8. 日曜日は誰にも会いません。そしてどこにも行きません。
9. そのキムチはおいしいですか。　　いいえ、おいしくありません。

　　(キムチ：김치　美味しい：맛이 있다)
10. 今は何にもしません。　　なぜ何もしないのですか。

第13課

助詞「〜에서：〜で/〜にて」&助数詞と連用形

회화(会話)

스즈키: 한누리 씨는 가족이 몇 분이에요?
(鈴木)　　［한누리씨는　가조기　멷뿌니에요］
　　　　　韓ヌリさんは何人家族ですか。

한누리: 부모님하고 남동생이 1명 있어요.
(韓ヌリ)　［부모니마고　남동생이　한명　이써요］
　　　　　両親と弟が一人います。

　　　　　새도 2마리 키워요.
　　　　　［새도　두마리　키워요］鳥も二羽飼っています。

스즈키: 남동생은 몇 살이에요?
　　　　　［남동생은　멷싸리에요］弟さんは何歳ですか。

한누리: 15살이에요. 내년에 고등학교에 가요.
　　　　　［열따섣싸리에요　내녀네　고등학꾜에　가요］
　　　　　15歳です。来年高校に上がります。

스즈키: 집은 단독 주택이에요?
　　　　　［지븐　단독쭈태기에요］家は一戸建てですか。

한누리: 아니요, 아파트예요. 아파트 7층에서 살아요.
　　　　　［아니요　아파트에요　아파트　칠층에서　사라요］
　　　　　いいえ、マンションです。マンション7階に住んでいます。

스즈키: 언제 한번 가 보고 싶어요.
　　　　　［언제　한번　가보고　시퍼요］いつか一度行ってみたいです。

한누리: 그때는 미리 연락해 주세요.
　　　　　［그때는　미리　열라캐주세요］
　　　　　その時はあらかじめ連絡してください。

어구(語句)

가족:家族　　～분:～名様　　부모님:(ご)両親　　～명:～名、～人
새:鳥　　～마리:～羽、～匹　　키우다:飼う、育てる　　내년:来年
고등학교:高等学校　　단독 주택:一戸建て　　아파트:マンション
～층:～階　　언제:いつか　　한번:一度、一回
가 보다:行ってみる(가다+보다)　　～고 싶다:～したい、～てみたい
그때:その時　　미리:あらかじめ　　연락해 주다:連絡してくれる
(연락하다+주다)　　～(으)세요.:～てください

Point 1　～에서:～で/～にて

「～에서」は、ある動作が行われる「場所や位置を限定」する助詞です。

特に会話の中では、「여기:ここ/거기:そこ/저기:あそこ/어디:どこ」の後に続く「～에서」の「～에」はよく省略します。

また、日本語と同じように「～에서는:～では」や「～에서도:～でも」という表現も使います。

✎ 第11課Point4の「～에서:～から」は起点の意

例 공원에서 놉니다.(公園で遊びます。)
　　친구하고 어디서 만나요?(友達とどこで会いますか。)
　　집에서는 일 안 해요.(家では仕事をしません。)
　　시장에서도 팔아요?(市場でも売っていますか。)

Point 2　助数詞

　何かを数える際の単位を助数詞と言います。数字での返事を求める時は、助数詞の前に「몇~：何~/いくつの~」を付けて使いますが、例外的に「何日」だけは「몇 일」ではなく「며칠」の方を使います。

1. ~년 (~年)	몇 년	1986년	2065년
2. ~월 (~月)	몇 월	유월	시월
3. ~일 (~日)	며칠	십일 일	십이 일
4. ~원 (~ウォン)	몇 원/얼마	천 원	만 원
5. ~분 (~名様)	몇 분	한 분	열 분
6. ~명 (~名/~人)	몇 명	두 명	*20명
7. ~인분 (~人分)	몇 인분	삼 인분	삼십 인분
8. ~살 (~歳)	몇 살	세 살	서른 살
9. ~개 (~個)	몇 개	네 개	*40개
10. ~잔 (~杯)	몇 잔	다섯 잔	*50잔
11. ~장 (~枚)	몇 장	여섯 장	*60장
12. ~병 (~本)	몇 병	일곱 병	*70병
13. ~마리 (~匹)	몇 마리	여덟 마리	*80 마리
14. ~층 (~階)	몇 층	팔 층	십육 층

15. ~번 (・漢数詞+번：~番〈順番、番号〉　・固有数詞+번：~回〈回数〉)
　　　　　　　　　　　몇 번　　십팔 번(18番)　여덟 번(8回)

✎ *：漢数詞と固有数詞どちらを用いても構わないことを示す

Point 3　連用形の「〜아/어」:〜て

日本語の「行く」や「食べる」と「みる」をつなげると、「行ってみる」、「食べてみる」のように、先行する動詞の形が変化します。韓国語も、用言と他の用言がくっつくと先行用言の形が変わり、その形を連用形といいます。

連用形の作り方は下記のとおり。

🔖 第10課Point3&4を参照

・陽語幹+아	・陰語幹+어	・하語幹+여 → 해

🔖 連用形とその後に続く用言は、普通間を置かずに続けて言う

例　사다(買う)+오다(来る)→ 사 오다(買って来る)
　　앉다(座る)+보다(みる)→ 앉아 보다(座ってみる)
　　살다(生きる)+있다(いる)→ 살아 있다(生きている)
　　먹다(食べる)+두다(置く)→ 먹어 두다(食べて置く)
　　뛰다(走る)+가다(行く)→ 뛰어 가다(走って行く)
　　걸다(掛ける)+놓다/두다(置く)→ 걸어 놓다/두다(掛けて置く)
　　발음하다(発音する)+보다(みる)→ 발음해 보다(発音してみる)
　　준비하다(用意する)+놓다/두다(置く)→
　　　　　　　　　　　　　　준비해 놓다/두다(用意して置く)

연습(練習)

1. 声に出して読んでみましょう。

1. 어디서 커피를 마십니까?　　카페에서 마셔요.
   (どこでコーヒーを飲みますか。　カフェーで飲みます。)
2. 집에서 김치를 만듭니까?　　아니요, 슈퍼에서 사요.
   (家でキムチを作りますか。　いいえ、スーパーで買います。)
3. 집에서도 담배를 피워요?　　아니요, 집에서는 안 피웁니다.
   (家でもタバコを吸いますか。　いいえ、家では吸いません。)

2. 声に出して読んでみましょう。

1. 오늘은 몇 년 몇 월 며칠입니까?　이천십육 년 유월 이십삼 일이에요.
   (今日は何年何月何日ですか。　　2016年 6月23日です。)
2. 이거 얼마예요?　　한 병에 팔백 원, 세 병에 이천 원입니다.
   (これいくらですか。　1本800ウォン、3本で2,000ウォンです。)
3. 손님은 몇 분이세요?　　다섯 명이에요.
   (お客様は何人様でいらっしゃいますか。　5人です。)
4. 생맥주 두 개하고 불고기 3인분 주세요.
   (生ビール二つとプルコギ3人前ください。)
5. 실례지만 올해 몇 살이에요?　　스무 살이에요.
   (失礼ですが、今年何歳ですか。　二十歳です。)
6. 사진을 몇 장 찍어요?　　스물 네 장쯤 찍어요.
   (写真を何枚撮りますか。　24枚ぐらい撮ります。)
7. 우리 집에서는 개를 세 마리 키웁니다.
   (我が家では犬を3匹飼っています。)
8. 입장권은 어디서 팝니까?　　1층 매표소에서 팔아요.
   (入場券はどこで売っていますか。　1階の切符売り場で売っています。)

9. 좌석 번호가 몇 번입니까?　　78번이에요.
　　（座席番号は何番ですか。　　78番です。）

10. 매년 서울에 두 번, 부산에 한 번씩 가요.
　　（毎年ソウルに2回、釜山に1回ずつ行きます。）

3. 声に出して読んでみましょう。

1. 한국에서 맛있는 김을 사 와요.（韓国からおいしい海苔を買って来ます。）
2. 그 짐은 현관에 놓아 두세요.（その荷物は玄関に置いておいてください。）
3. 공원에서 아이들이 뛰어 놀아요.（公園で子供達が走りながら遊んでいます。）
4. 이 술도 한잔 마셔 보세요.（このお酒も一杯飲んでみてください。）
5. 매일 반복해서 발음해 보세요.（毎日繰り返し発音してみてください。）

문제(問題)

「해요体」の文(〜아요/〜어요形)に直して、発音も書いてみましょう。

1. 日本でも韓国のドラマの人気が高いですか。
　　（韓国のドラマ：한국 드라마　人気が高い：인기[인끼]가 높다）

2. このカバンはいくらですか。12万5千ウォンです。（カバン：가방）

3. 毎朝リンゴ1個と牛乳1杯を飲みます。（リンゴ：사과　牛乳：우유）

4. 慶州にも一度行ってみてください。（慶州：경주　一度：한번）

5. 韓国語の文章もたくさん読んでみてください。
　　（韓国語の文章：한국말 문장　読む：읽다）

第14課

「ㅂ(비읍)変則」と動詞の「한다体」

회화(会話)

한누리: 흐음, 스즈키 씨는 한국 책도 빨리 읽는다!
(韓ヌリ) [흐음 스즈키씨는 한국 책또 빨리 잉는다]
ふうん。鈴木さんは韓国語の本も速く読むんだね。

스즈키: 아니에요. 아직 멀었어요.
(鈴木) [아니에요 아징머러써요] いいえ、まだまだです。

한누리: 스즈키 씨는 한국말이 어렵지 않아요?
[스즈키씨는 한궁마리 어렵찌아나요]
鈴木さんは韓国語が難しくないですか。

스즈키: 문법은 비교적 쉬워요.
[문뻐븐 비교적 쉬워요] 文法は比較的易しいです。

그렇지만 발음이 좀 어려워요.
그러치만 바르미 좀 어려워요
けれども発音が少し難しいです。

앞으로 제 공부를 많이 도와 주세요.
아프로 제 공부를 마니 도와주세요
これからわたしの勉強を沢山手伝ってください。

한누리: 스즈키 씨, 한국말 정말 잘한다!
[스즈키씨 한궁말 정말 자란다]
鈴木さん、韓国語が本当にうまい!

스즈키: 고마워요.
[고마워요] ありがとうございます。

한누리: 천만에요.
[천마네요] どういたしまして。

어구(語句)

흐음 : ふうん、ふむ　　책 : 本　　빨리 : 速く　　읽다 : 読む　　아직 : まだ　　멀다 : 遠い
아직 멀었다 : まだまだだ　　어렵다 : 難しい　　문법 : 文法　　비교적 : 比較的
쉽다 : 易しい、簡単だ　　그렇지만 : けれども、(そう)だけど　　발음 : 発音
좀 : 少し、ちょっと　　앞으로 : これから、今後、前へ　　제 ~ : わたしの~　　공부 : 勉強
많이 : 沢山　　돕다 : 手伝う、助ける　　~아/어 주세요. : ~てください。
정말 : 本当に　　잘하다 : 上手だ　　고맙다 : ありがたい　　천만에요. : どういたしまして。

Point 1 「変則活用用言」

用言は語幹の後ろに様々な語尾が付いて、色々な意味合いを持つようになります。これを「活用」と言いますが、その際、規則的に活用する(語幹の形が変化しない)「規則活用用言」と、不規則的に活用する(語幹の形が変わる)「変則活用用言」用言があります。「変則活用」は、語幹の後に母音が付いて活用する際に起きる現象です。

例 規則活用

입다(着る):　입습니다./입습니까?　　입어요./입어요?　　입지 않습니다.
받다(もらう):받습니다./받습니까?　　받아요./받아요?　　받지 않습니다.

例 変則活用

돕다(手伝う):돕습니다./돕습니까?　　도와요./도와요?　　돕지 않습니다.
걷다(歩く):　걷습니다./걷습니까?　　걸어요./걸어요?　　걷지 않습니다.

Point 2 「ㅂ(비읍)変則」

　動詞や形容詞で、語幹が「ㅂ」で終わる単語の中には、その後ろに「아/어」、「아요/어요」などの母音が続くと、語幹末の「ㅂ」の部分が「오」か「우」に変わるものがあり、これらを「ㅂ変則活用用言」と言います。

例 規則活用：입다 → 입어요.（着ます。）　잡다 → 잡아요.（つかまえます。）
　　変則活用：굽다 → 구우+어요 ⇒ 구워요.（焼きます。）
　　　　　　　눕다 → 누우+어요 ⇒ 누워요.（横たわります。）

1. 「ㅂ変則活用用言」のうち、「ㅂ」が「오」に変わるのは、「돕다」（手伝う、たすける）と「곱다」（綺麗だ）の2つです。しかし、「돕다」と「곱다」も含めて、「ㅂ変則活用用言」の後に母音の「으」が続くと「ㅂ+으」の部分はすべて「우」に変わります。

　　例 돕다 → 도오+아요 ⇒ 도와요.（手伝います。）
　　　 곱다 → 고오+아요 ⇒ 고와요.（綺麗です。）
　　　 덥다 → 더우+어요 ⇒ 더워요.（暑いです。）
　　　 춥다 → 추우+어요 ⇒ 추워요.（寒いです。）

　　　 돕다 → 돕+을까요? ⇒ 도울까요?（手伝いましょうか。）
　　　 굽다 → 굽+을까요? ⇒ 구울까요?（焼きましょうか。）

2. 語幹が「ㅂ」で終わる形容詞のうち規則活用するのは、「곱다：かじかむ」、「좁다：狭い」、「수줍다：恥ずかしい」など、ごく限られています。
　つまり、語幹が「ㅂ」で終わる形容詞は、その殆どが「ㅂ変則活用」をします。
　　例 곱다 → 곱+아요 → 곱아요.（かじかみます。）
　　　 좁다 → 좁+아요 → 좁아요.（狭いです。）
　　　 수줍다 → 수줍+어요 → 수줍어요.（恥ずかしいです。）

Point 3 　「～한다体」：～ㄴ/는다

　日本語は現在時制の場合、書き言葉や会話のぞんざいな文末語尾(下称)として、動詞を原型のまま使うこともしばしばあります。しかし韓国語は、動詞が原型のまま使われるケースはごくまれで、「한다体 (～ㄴ/는다)」を用います。

| 1. 母音語幹＋ㄴ다 | 2. ㄹ語幹(脱落)＋ㄴ다 | 3. 子音語幹＋는다 |

例 1. 달리다(走る)：신칸센은 정말 빨리 달린다!
　　　　　　　　(新幹線は本当に速く走るね)

　잘하다(よくする/上手だ)：한국말을 정말 잘 한다!
　　　　　　　　(韓国語が本当に上手だね)

2. 졸다(居眠りをする)：국회의원들이 국회에서 존다.
　　　　　　　　(国会議員たちが国会で居眠りをしているよ。)

　만들다(作る)：음식을 참 맛있게 만든다.
　　　　　　　　(料理をとてもおいしく作るね)

3. 읽다(読む)：학생들이 정말 책을 많이 읽는다.
　　　　　　　　(学生たちが本当に本を沢山読むね。)

　돕다(手伝う)：형제들이 부모님을 열심히 돕는다.
　　　　　　　　(兄弟が両親を熱心に手伝うね)

연습 (練習)

1. 声に出して読んでみましょう。

1. 곱다 (かじかむ)	⇒	곱습니까?	곱아요.
2. 좁다 (狭い)	⇒	좁습니까?	좁아요.
3. 수줍다 (恥ずかしい)	⇒	수줍습니까?	수줍어요.
4. 돕다 (手伝う)	⇒	돕습니까?	도와요.
5. 곱다 (綺麗だ)	⇒	곱습니까?	고와요.
6. 고맙다 (有り難い)	⇒	고맙습니까?	고마워요.
7. 귀엽다 (可愛い)	⇒	귀엽습니까?	귀여워요.
8. 깁다 (繕う)	⇒	깁습니까?	기워요.
9. 눕다 (横たわる)	⇒	눕습니까?	누워요.
10. 맵다 (辛い)	⇒	맵습니까?	매워요.
11. 쉽다 (易しい)	⇒	쉽습니까?	쉬워요.
12. 업다 (おぶう)	⇒	업습니까?	업어요.
13. 어둡다 (暗い)	⇒	어둡습니까?	어두워요.
14. 어렵다 (難しい)	⇒	어렵습니까?	어려워요.
15. 입다 (着る)	⇒	입습니까?	입어요.

2. 声に出して読んでみましょう。

1. 부모님을 도와요?　　　　　네, 매일 도와요.
   (ご両親を手伝いますか。　　　はい、毎日手伝います。)
2. 김치가 매워요?　　　　　　아니요, 안 매워요.
   (キムチが辛いですか。　　　　いいえ、辛くありません。)
3. 아기가 귀여워요?　　　　　네, 아주 귀여워요.
   (赤ん坊が可愛いですか。　　　はい、とても可愛いです。)
4. 방이 어두워요?　　　　　　아니요, 어둡지 않아요.
   (部屋が暗いですか。　　　　　いいえ、暗くありません。)
5. 문법이 어려워요?　　　　　아니요, 문법은 쉬워요.
   (文法が難しいですか。　　　　いいえ、文法は易しいです。)

3. 声に出して読んでみましょう。

1. 지금 밖에는 눈이 많이 온다. (外は今雪が沢山降っているよ。)
2. 언니가 동생을 참 예뻐한다. (お姉さんが妹を本当に可愛がるね。)
3. 어른보다도 밥을 많이 먹는다. (大人よりもご飯を多く食べるね。)
4. 역시 선생님이 여러 가지 잘 안다. (やはり先生が色々よく知っているわ。)
5. 비행기가 구름 위를 참 높이 난다. (飛行機が雲の上をとても高く飛ぶな。)

문제(問題)

1. 例と同じように活用させてみましょう。

例 잡다(つかむ) → 잡아요

1. 좁다(狭い)→
2. 곱다(かじかむ)→
3. 수줍다(恥ずかしい)→
4. 돕다(手伝う)→
5. 곱다(綺麗だ)→
6. 덥다(暑い)→
7. 춥다(寒い)→
8. 맵다(辛い)→
9. 아름답다(美しい)→

2. 「해요体」の文(~아요/~어요形)に直して、発音も書いてみましょう。

1. 道が狭いですか。いいえ、狭くありません。(道:길)
2. 肉をもう少し焼きますか。はい、もう少し焼きます。
   (肉:고기　もう少し:좀 더)
3. 学校の研究室で先生を手伝います。
   (学校の研究室:학교 연구실　先生:선생님)
4. パスポートと財布、引き出しの中に入れて置くよ。〈「~한다体」で〉
   (パスポート:여권　財布:지갑　引き出しの中:서랍 속
   入れて置く:넣어 두다)
5. 人々が書店で詩集を一冊ずつ買って行くね。〈「~한다体」で〉
   (人々:사람들　書店:서점　詩集:시집　~冊:~권
   ~ずつ:~씩　買って行く:사 가다)

第15課
助詞「〜から」・「〜に」と過去形

회화 (会話)

한가람: **다녀왔습니다!**
(息子) [다녀왇씀니다] ただいま!

민지현: **응, 가람아. 수고했다. 피곤하지?**
(母) [응 가람아 수고핻따 피고나지]
ウン、カラム。ご苦労。お疲れでしょう。

한가람: **아니, 괜찮아요.**
[아니 괜차나요] いや、大丈夫です。

그런데 엄마, 누나는 어디 갔어요?
그런데 엄마 누나는 어디 가써요]
ところでママ、姉さんはどこか出かけたのですか。

민지현: **친구한테서 전화가 왔어. 그래서 나갔어.**
[친구한테서 저놔가 와써 그래서 나가써]
友達から電話があったの。それで出かけたの。

한가람: **저한테는 전화 없었어요?**
[저한테는 저놔 업써써요] 僕には電話なかったのですか。

민지현: **응, 없었어. 그런데 오늘 점심은 뭘 먹었어?**
[응 업써써 그런데 오늘 점시믄 뭘 머거써]
うん、なかったわ。ところで、今日の昼食は何を食べたの。

한가람: **오늘은 햄버거하고 주스로 간단히 때웠어요.**
[오느른 햄버거하고 주스로 간다니 때워써요]
今日はハンバーガーとジュースで簡単に済ませました。

어구(語句)

다녀오다:行ってくる　수고:苦労　피곤하다:疲れている
~지?:~だろう?　아니:いや　괜찮다:構わない　그런데:ところで
엄마:ママ　나가다:出かける　점심:昼食　뭘:何を(무엇을の縮約形)
햄버거:ハンバーガー　주스:ジュース　간단히:簡単に　때우다:済ませる

Point 1　助詞「~에게(서)/~한테(서)」:「~から」と「~に」

・人間や動物+에게(서)/한테(서):~から
・人間や動物+에게/한테:~に

1　後ろに「~는:~は」や「~도:~も」を付けて使う表現もある
2　会話では「~한테(서)」を多く使う
3　人間・動物以外の場合は「~에」を使う

例 1. 아버지한테(서) 선물이 와요. (父からプレゼントが来ます。)

2. 어느 선생님에게(서) 일본말을 배워요?
   (どの先生に日本語を習っていますか。)

3. 그 사람한테는 연락을 안 해요. (その人には連絡をしません。)

4. 누구에게 편지를 써요? (誰に手紙を書きますか。)

5. 이 꽃에도 물을 줘요? (この花にも水をやりますか。)

Point 2　過去形

1) 用言の語幹の後に過去補助語幹「았」、「었」などを付けて過去形を作ります。〈第10課Point2＆3と第13課Point3も参照〉

1. 陽語幹＋았	2. 陰語幹＋었	3.「하」語幹＋였 → 하였/했

例 1. 작다(小さい) →　작았습니다./까?　작았어요./요?
〈注意 작았아요：×〉

　2. 적다(少ない) →　적었습니다./까?　적었어요./요?

　3. 말하다(話す) →　말했습니다./까?　말했어요./요?

2) 過去形の「해요体」の縮約形

次の①〜⑩の場合は、一部の例外を除き、ほとんど縮約形を使います。

① ㅏ＋았어요 → 았어요：　가다(行く) → 갔어요. / 갔어요?

② ㅗ＋았어요 → 았어요：　보다(来る) → 봤어요. / 봤어요?

③ ㅐ＋었어요 → 냈어요：　내다(出す) → 냈어요. / 냈어요?

④ ㅓ＋었어요 → 섰어요：　서다(立つ) → 섰어요. / 섰어요?

⑤ ㅔ＋었어요 → 셌어요：　세다(強い) → 셌어요. / 셌어요?

⑥ ㅕ＋었어요 → 켰어요：　켜다(点ける) → 켰어요. / 켰어요?

⑦ ㅚ＋었어요 → 됐어요：　되다(なる) → 됐어요. / 됐어요?

⑧ ㅜ＋었어요 → 웠어요：　배우다(習う) → 배웠어요. / 배웠어요?

⑨ ㅣ＋었어요 → 셨어요：　마시다(飲む) → 마셨어요. / 마셨어요?

⑩ 하＋였어요 → 했어요：　하다(する) → 했어요. / 했어요?

연습(練習)

1. 声に出して読んでみましょう。

1. 언니한테(서) 문자가 왔어요. (姉からメールが来ました。)
2. 누구한테 선물을 보내요? (誰にプレゼントを送りますか。)
3. 친구한테 모두 말했어요. (友達に全て話しました。)
4. 언제 고양이한테 물을 줬어요? (いつ猫に水をあげましたか。)
5. 누구한테(서) 연락을 받았어요? (誰から連絡を受ましたか。)

2. 声に出して読んでみましょう。

1. 싸다(安い):　　싰습니까? / 쌌습니다.　　쌌어요? / 쌌어요.
2. 오다(来る):　　왔습니까? / 왔습니다.　　왔어요? / 왔어요.
3. 재다(測る):　　쟀습니까? / 쟀습니다.　　쟀어요? / 쟀어요.
4. 보내다(送る):　보냈습니까? / 보냈습니다.　보냈어요? / 보냈어요.
5. 비우다(空ける): 비웠습니까? / 비웠습니다.　비웠어요? / 비웠어요.
6. 세우다(建てる): 세웠습니까? / 세웠습니다.　세웠어요? / 세웠어요.
7. 모이다(集まる): 모였습니까? / 모였습니다.　모였어요? / 모였어요.
8. 줄이다(減らす): 줄였습니까? / 줄였습니다.　줄였어요? / 줄였어요.

9. 좁다(狭い):　　　좁았습니까? / 좁았습니다.　　좁았어요? / 좁았어요.

10. 있다(いる):　　　있었습니까? / 있었습니다.　　있었어요? / 있었어요.

11. 없다(いない):　　없었습니까? / 없었습니다.　　없었어요? / 없었어요.

12. 열다(開ける):　　열었습니까?/열었습니다.　　열었어요? / 열었어요.

13. 돕다(手伝う):　　도왔습니까?/도왔습니다.　　도왔어요? / 도왔어요.

14. 고맙다(有り難い):　고마웠습니까?/고마웠습니다.　고마웠어요? / 고마웠어요.

15. 귀엽다(可愛い):　귀여웠습니까?/귀여웠습니다.　귀여웠어요? / 귀여웠어요.

16. 맵다(辛い):　　　매웠습니까?/매웠습니다.　　매웠어요? / 매웠어요.

17. 구경하다(見物する): 구경했습니까?/구경했습니다. 구경했어요? / 구경했어요.

18. 일하다(働く):　　일했습니까? / 일했습니다.　일했어요? / 일했어요.

19. 전화하다(電話する): 전화했습니까? / 전화했습니다. 전화했어요? / 전화했어요.

문제(問題)

「해요体」の文(〜아요/〜어요形)に直して、発音も書いてみましょう。

1. 誰から本を借りますか。(借りる：빌리다)

2. 先生から借りました。(先生：선생님)

3. どなたにプレゼントを送りますか。(どなた：어느 분)

4. 夫に送ります。(夫：남편)

5. 昨日は雨が沢山降りました。

   (昨日：어제　雨：비　沢山：많이　降る：오다)

6. 自動販売機にお金を入れましたか。

   (自動販売機：자동판매기　お金：돈　入れる：넣다)

7. 社長さんに電話を掛けましたか。

   (社長さん：사장님　掛ける：걸다)

8. ボーイフレンドから花を貰いました。

   (ボーイフレンド：남자 친구　花：꽃　貰う：받다)

9. 我々の秘密を話しましたか。(秘密：비밀　話す：얘기하다)

10. 誰にも話しませんでした。(誰にも：아무한테도)
    〈前置否定形で。第12課Point3を参照〉

第 16 課

助詞「〜(으)로：〜で」と「ㄷ(디귿)変則」

회화(会話)

민지현 (母): 가람아. 내일 소풍 준비는 다됐니?
[가라마 　내일　소풍　준비는　다됀니]
カラム、明日の遠足に用意は終わった？

한가람 (息子): 네, 끝났어요.
[네　끈나써요] はい、終わりました。

민지현: 그런데 서울대공원까지는 어떻게 가?
[그런데　서울대공원까지는　어떠케　가]
ところで、ソウル大公園まではどうやって行くの？

한가람: 우선 가까운 역까지 전철로 가요.
[우선　가까운　역까지　전철로　가요]
まず、近い駅まで電車で行きます。

그리고 거기서부터는 걸어가요.
[그리고　거기서부터는　거러가요] そして、そこからは歩きます。

민지현: 길은 알아?
[기른　아라] 道は分かるの？

한가람: 학교에서 지도를 받았어요.
[학꾜에서　지도를　바다써요]
学校で地図をもらいました。

하지만 자신이 없어요.
[하지만　자시니　업써요]
でも、自信がないです。

민지현: 사람들한테 물어봐.
[사람드란테　무러봐] 人に尋ねてみて。

그리고 엄마한테도 휴대폰으로 연락하면 가르쳐 줄게.
[그리고　엄마한테도　휴대포느로　열라카면　가르쳐줄께]
そして、ママにも携帯電話で連絡すれば、教えてあげるから。

어구(語句)

내일 : 明日　　소풍 : 遠足　　준비 : 準備
다되다 : すべて終わる(다됐다は다되었다の縮約形)　　끝나다 : 終わる
서울대공원 : ソウル大公園　　우선 : まず　　가깝다 : 近い　　역 : 駅　　전철 : 電車
걸어가다 : 歩いていく　　길 : 道　　알다 : 分かる　　지도 : 地図　　받다 : もらう
자신 : 自信　　~들 : ~たち　　물어보다 : 尋ねてみる　　휴대폰 : 携帯電話
연락 : 連絡　　가르치다 : 教える　　주다 : あげる

Point 1　助詞「~로 / ~으로」:「~で」

「方法・手段・道具・材料」などの意を表す助詞です。

・母音とㄹ+로	・子音+으로

例 1. 영어로 얘기해요?　　아니요, 일본말로 해요.
　　(英語で話しますか。　　いいえ、日本語で話します。)

2. 센다이까지 뭐로(＝무엇으로) 가요?　　신칸센으로 가요.
　　(仙台まで何で行きますか。　　　　　　新幹線で行きます。)

3. 이름은 연필로 씁니까?　　아니요, 볼펜으로 씁니다.
　　(名前は鉛筆で書きますか。　　いいえ、ボールペンで書きます。)

4. 버터하고 치즈는 우유로 만들어.
　　(バターとチーズは牛乳で作るよ。)

Point 2 「ㄷ(디귿)変則」

語幹が「ㄷ」で終わる動詞の中には、「ㄷ」の後に「아(요)/어(요)」や「았어(요)/었어(요)」などの母音が付いて活用するとき、語幹末の「ㄷ」が「ㄹ(리을)」に変わるものが一部あり、これらを「ㄷ(디귿)変則動詞」と言います。

例 1. 規則活用： ① 닫다 (閉める)　　닫아요　　닫았어요
　　　　　　　② 묻다 (埋める)　　묻어요　　묻었어요
　　　　　　　③ 믿다 (信じる)　　믿어요　　믿었어요
　　　　　　　④ 받다 (もらう)　　받아요　　받았어요
　　　　　　　⑤ 쏟다 (こぼす)　　쏟아요　　쏟았어요

　　2. 変則活用： ① 걷다 (歩く)　　　걸어요　　걸었어요
　　　　　　　② 깨닫다 (気づく)　　깨달아요　　깨달았어요
　　　　　　　③ 듣다 (聞く)　　　들어요　　들었어요
　　　　　　　④ 묻다 (尋ねる)　　물어요　　물었어요
　　　　　　　⑤ 싣다 (載せる)　　실어요　　실었어요
　　　　　　　⑥ 치닫다 (駆け上がる)　치달아요　　치달았어요

연습(練習)

発音と意味を確認しながら読んでみましょう。

1. 숙박 카드에 볼펜으로 이름을 적었어요.
   (宿泊カードにボールペンで名前を書きました。)
2. 젓가락하고 숟가락으로 식사를 해요.
   (お箸とスプーンで食事をします。)
3. 호텔까지 어떻게 가셨어요?   지하철로 갔습니다.
   (ホテルまでどのようにいらしたのですか。 地下鉄で行きました。)
4. 오늘은 얼마쯤 걸었어요?   한 시간쯤 걸었어요.
   (今日はどれぐらい歩きましたか。 1時間ぐらい歩きました。)
5. 누구한테 길을 물었어요?   경찰한테 물어봤어요.
   (誰に道を尋ねましたか。 警察に聞いてみました。)

문제(問題)

「해요体」の文(〜아요/어요形)に直して、発音も書いてみましょう。

1. 韓国ではスプーンでご飯を食べますか。(スプーン:숟가락　ご飯:밥)
2. Eメールで手紙を送りました。(Eメール:이 메일　手紙:편지)
3. 電話で住所を聞いてみました。(住所:주소　聞いてみる:물어보다)
4. 雨の中を一人で歩きました。

   (雨の中:빗속　一人で:혼자(서)　歩く:걷다)
5. 普段音楽は何で聴きますか。

   (普段:보통　音楽:음악　何で:무엇으로　聴く:듣다)

第17課
尊敬形と「SPONの法則」

회화(会話)

할아버지: **여보세요. 거기 누리네 집입니까?**
(祖父)　　[여보세요　거기　누리네　지빔니까]
　　　　　もしもし。そちら、ヌリの家ですか。

한누리: **네, 그런데요. 실례지만 어디세요?**
(孫娘)　[네　그런데요　실례지만　어디세요]
　　　　はい、そうですが。失礼ですが、どちら様ですか。

할아버지: **어, 누리구나. 할아버지다.**
　　　　　[어　누리구나　하라버지다]
　　　　　おお、ヌリだね。おじいさんだよ。

한누리: **아, 할아버지! 안녕하셨어요?**
　　　　[아　하라버지　안녕하셔써요]
　　　　あ、おじいさん！お元気でしたか。

지금 어디서 전화를 거세요? 댁이세요?
[지금　어디서　저놔를　거세요　대기세요]
今、どこでお電話をかけていらっしゃいますか。ご自宅ですか。

할아버지: **아니, 공중전화다. 그런데 아빠는 계시니?**
　　　　　[아니　공중저놔다　그런데　아빠는　게시니]
　　　　　いや、公衆電話だよ。ところで、パパはいるかね。

한누리: **회사에서 아직 안 돌아오셨어요.**
　　　　[회사에서　아직　안도라오셔써요]
　　　　会社からまだ帰って来てません。

엄마한테 할아버지께 전화 왔다고 말씀드릴까요?
[엄마한테　할아버지께　저놔　왇따고　말씀드릴까요]
ママに、おじいさんからお電話が来たと言いましょうか。

할아버지: **그래.**
　　　　　[그래]　そうしな。

100

어구(語句)

여보세요 : もしもし　　~네 : ~の家族　　집 : 家、うち　　실례지만 : 失礼ですが　　지금 : 今　　전화를 걸다 : 電話をかける　　댁 : ご自宅　　공중전화 : 公衆電話　　회사 : 会社　　아직 : まだ　　말씀드리다 : 申し上げる

Point 1　尊敬形

尊敬の意を表す補助語幹「~시/~으시」を付けて尊敬形を作ることができます。

1. 母音語幹+시	2. ㄹ語幹(脱落)+시	3. 子音語幹+으시

例 1. 보다(見る)：　보시다　　＊보셔요 → 보세요.(보십니다.)
　　　　　　　　　　　　＊보셔요 → 보세요?(보십니까?)

　　오다(来る)：　오시다　　＊오셔요 → 오세요.(오십니다.)
　　　　　　　　　　　　＊오셔요 → 오세요?(오십니까?)

2. 살다(住む)：　사시다　　＊사셔요 → 사세요.(사십니다.)
　　　　　　　　　　　　＊사셔요? → 사세요?(사십니까?)

　　알다(知っている)：　아시다　　＊아셔요 → 아세요.(아십니다.)
　　　　　　　　　　　　＊아셔요 → 아세요?(아십니까?)

3. 앉다(座る)：　앉으시다　　＊앉으셔요 → 앉으세요.(앉으십니다.)
　　　　　　　　　　　　＊앉으셔요 → 앉으세요?(앉으십니까?)

　　벗다(脱ぐ)：　벗으시다　　＊벗으셔요 → 벗으세요.(벗으십니다.)
　　　　　　　　　　　　＊벗으셔요 → 벗으세요?(벗으십니까?)

＊1　主に→の右側を多く使います。(　)の中の方がより丁寧な表現になります。

＊2　「~(으)시+었」は「~(으)셨」の形を使います。

Point 2　特殊な尊敬語

1. 名詞：말(話) ↔ 말씀(お話)　　　　이름(名前) ↔ 성함(お名前)
　　　　집(家) ↔ 댁(ご自宅)　　　　생일(誕生日) ↔ 생신(お誕生日)
　　　　나이(年) ↔ 연세(お年)　　　밥(飯) ↔ 진지(お食事)
　　　　병(病気) ↔ 병환(ご病気)

2. 助詞：에게/한테(に) ↔ 께　　　　가/이(が) ↔ 께서
　　　　도(も) ↔ 께서도　　　　　는/은(は) ↔ 께서는

3. 動詞：먹다(食べる) ↔ 드시다/잡수시다(召し上がる)
　　　　마시다(飲む) ↔ 드시다(お飲みになる)
　　　　자다(寝る) ↔ 주무시다(お休みになる)
　　　　아프다(体の具合が悪い) ↔ 편찮으시다(お加減が悪い)
　　　　죽다(死ぬ) ↔ 돌아가시다(お亡くなりになる)

4. 存在詞：있다(いる) ↔ 계시다(いらっしゃる)
　　　　　없다(いない) ↔ 안 계시다(いらっしゃらない)

Point 3　「SPONの法則」

「ㄹ語幹」(第9課のPoint2を参照)の動詞と形容詞の場合、
語幹末の「ㄹ」は「S(ㅅ)、P(ㅂ)、O(오)、N(ㄴ)」の前で脱落します。

✎ 但し、現代語では「ㄹ語幹」の後に「O(오)」が付くケースは多くない

$$ㄹ(脱落)+ S(ㅅ)　P(ㅂ)　O(오)　N(ㄴ)$$

例 1. 걸다(掛ける)：거세요　　거십니다　겁니다　건다　거셨어요
　　2. 길다(長い)：　기세요　　기십니다　깁니다　 －　　기셨어요
　　3. 밀다(押す)：　미세요　　미십니다　밉니다　민다　미셨어요
　　4. 열다(開ける)：여세요　　여십니다　엽니다　연다　여셨어요

연습 (練習)

発音と意味を確認しながら読んでみましょう。

1. 부모님께서는 지금 일본에 계세요.
   (両親は今日本にいます)
2. 일요일 점심은 주로 뭘 드세요?
   (日曜日の昼は主に何を召し上がりますか)
3. 할아버지께서는 빗으로 머리를 빗으십니다.
   (おじいさんは櫛で髪の毛をとかします)
4. 할머니께서도 전화로 그렇게 말씀하셨어요.
   (おばあさんも電話でそのようにおっしゃいました)
5. 한국에서는 어디 사셨어요?
   (韓国ではどこに住んでいらっしゃいましたか)

문제 (問題)

「해요体」の文(～어요/～아요形)に直して、発音も書いてみましょう。

1. おいくつですか。
2. ご自宅はどこですか。
3. もう少し召し上がりください。沢山いただきました。
   (もう少し:좀 더　沢山:많이)
4. どこまでいらっしゃいますか。国立博物館までお願いします。
   (国立博物館:국립박물관　お願いする:부탁하다)
5. 先生の住所をご存知ですか。
   (住所:주소　ご存知だ:알다の尊敬形)

第18課
丁寧な命令形と丁寧な禁止命令形

회화(会話)

의사 : **어떻게 오셨습니까?**
(医者) [어떠케 오션씀니까] どうなさいましたか。

할머니 : **어제부터 열이 좀 있어요.**
(祖母) [어제부터 여리 좀 이써요] 昨日から少し熱があります。

의사 : **목도 아프세요?**
[목또 아프세요] 喉も痛いですか。

할머니 : **네.**
[네] はい。

의사 : **입을 벌려 보세요.**
[이블 벌려보세요] 口を開けてみてください。

★────────★────────★

할머니 : **감기입니까?**
[감기임니까] 風邪ですか。

의사 : **네. 3일쯤 약을 드세요.**
[네 사밀쯤 야글 드세요] はい。3日間ほど薬をお飲みください。

그리고 당분간 무리하지 마세요.
[그리고 당분간 무리하지마세요]
そして、当分の間無理なさらないでください。

할머니 : **약은 알약으로 주세요.**
[야근 알랴그로 주세요] 薬は錠剤でお願いします。

의사 : **알겠습니다. 오늘은 목욕도 하지 마십시오.**
[알겓씀니다 오느른 모곡또 하지마십씨오]
分かりました。今日はお風呂にも入らないでください。

> **어구**(語句)
>
> 어제 : 昨日　　열 : 熱　　목 : 喉, 首　　아프다 : 痛い　　입 : 口　　벌려 보다 : 広げる
> 감기 : 風邪　　약 : 薬　　당분간 : 当分の間　　무리하다 : 無理をする　　알약 : 錠剤
> 알겠습니다 : 分かりました　　목욕 하다 : お風呂に入る

Point 1　丁寧な命令形：〜でください。/〜なさってください。

1. 打ち解けた表現の丁寧な命令形： 親しみを込めた丁寧な命令形は、動詞の語幹の後ろに「(으)세요.」を付けて作ります。〈第17課の尊敬形を参照〉

| 1. 母音語幹＋세요 | 2. ㄹ語幹(脱落)＋세요 | 3. 子音語幹＋으세요 |

2. かしこまた表現の丁寧な命令形： 動詞の語幹の後ろに「(으)십시오.」を付けると、より丁寧な命令形の表現になります。

| 1. 母音語幹＋십시오 | 2. ㄹ語幹(脱落)＋십시오 | 3. 子音語幹＋으십시오 |

例 1. 주다(くれる)：　주세요.　　주십시오.
　　타다(乗る)：　타세요.　　타십시오.
　　하다(する)：　하세요.　　하십시오.

　2. 걸다(掛ける)：　거세요.　　거십시오.
　　밀다(押す)：　미세요.　　미십시오.
　　열다(開ける)：　여세요.　　여십시오.

　3. 받다(もらう)：　받으세요.　　받으십시오.
　　찾다(探す)：　찾으세요.　　찾으십시오.
　　굽다(焼く)：　구우세요.　　구우십시오.
　　묻다(尋ねる)：　물으세요.　　물으십시오.

Point 2　丁寧な禁止命令形：〜しないでください。
　　　　　　　　　　　　　〜なさらないでください。

1. 打ち解けた表現の丁寧な命令形：**〜지 마세요.**
2. かしこまた表現の丁寧な命令形：**〜지 마십시오.**

例 1. 주다(あげる)：　　주지 마세요.　　주지 마십시오.
　　　타다(乗る)：　　　타지 마세요.　　타지 마십시오.
　　　하다(する)：　　　하지 마세요.　　하지 마십시오.

　　2. 걸다(掛ける)：　　걸지 마세요.　　걸지 마십시오.
　　　밀다(押す)：　　　밀지 마세요.　　밀지 마십시오.
　　　열다(開ける)：　　열지 마세요.　　열지 마십시오.

　　3. 받다(もらう)：　　받지 마세요.　　받지 마십시오.
　　　찾다(探す)：　　　찾지 마세요.　　찾지 마십시오.

　　　굽다(焼く)：　　　굽지 마세요.　　굽지 마십시오.
　　　묻다(尋ねる)：　　묻지 마세요.　　묻지 마십시오.

연습(練習)

発音と意味を確認しながら読んでみましょう。

1. 어서 오세요. 이쪽으로 앉으십시오.
   (ようこそ、よくいらっしゃいました。こちらへお掛けください。)
2. 여기선 조용히 하세요. 그리고 사진을 찍지 마세요.
   (ここでは静かにしてください。そして写真を撮らないでください。)
3. 담배는 피우지 마세요. 술은 조금만 드십시오.
   (タバコは吸わないでください。お酒は少しだけお飲みください。)
4. 부모님은 고향 집에 사세요. 그 집은 꽤 커요.
   (両親は故郷の家に住んでいます。その家はけっこう大きいです。)
5. 출발하기 전에 전화를 거세요.
   (出発する前に電話をおかけください。)

문제(問題)

「해요体」の文(~아요/~어요形)に直して、発音も書いてみましょう。

1. もう一回、ゆっくりおっしゃってください。(もう一回:다시 한 번 ゆっくり:천천히)
2. 次の次の駅で乗り換えてください。(次の次の~:다음 다음 ~ 乗り換える:갈아타다)
3. ここ、ビールもう一本ください。(ビール:맥주 もう一本:한 병 더)
4. 芝生(の中)に入らないでください。(芝生(の中):잔디 入る:들어가다)
5. 地下鉄の中では携帯で電話をしないでください。
   (地下鉄の中:지하철 안 携帯:휴대폰 電話をする:전화하다)

107

第19課

「으変則」と「〜(으)러」&「〜ㄹ/을까요?」

회화(会話)

한준기: **생일 축하해. 이거 선물.**
(夫) [생일 추카해 이거 선물]
誕生日、おめでとう。これプレゼント。

민지현: **고마워요. 아, 예뻐! 지금 한번 입어 볼까요?**
(妻) [고마워요 아 예뻐 지금 한번 이버볼까요]
ありがとう。あら、きれい！今、一度着てみましょうか。

⭐ ─── ⭐ ─── ⭐ ───

한준기: **어때? 마음에 들어?**
[어때 마으메 드러] どう？気に入った？

민지현: **네, 아주 마음에 들어요.**
[네 아주 마으메 드러요] はい、とても気に入ったよ。

한준기: **좀 크지 않아?**
[좀 크지아나] 少し大きくない？

민지현: **아니, 안 커요. 잘 맞아요. 너무 기뻐요.**
[아니 안커요 잘 마자요 너무 기뻐요]
いや、大きくないよ。よく合うよ。すごっく嬉しい。

한준기: **그런데 애들은?**
[그런데 애드른] ところで子供たちは？

민지현: **친구들하고 놀러 나갔어요.**
[친구드라고 놀러 나가써요] 友達(ら)と遊びに外出しましたよ。

한준기: **그럼 우리 둘이서 한잔 하러 나갈까?**
[그럼 우리 두리서 한잔하러나갈까]
それでは、我々二人で一杯飲みに出かけようか。

어구(語句)

생일:誕生日　　축하하다:祝う　　선물:プレゼント　　고맙다:ありがたい
예쁘다:きれいだ　　지금:今　　한번:一度　　입어 보다:着てみる、試着する
어때?:どう?　　마음에 들다:気に入る　　크다:大きい　　잘 맞다:よく合う
기쁘다:嬉しい　　그런데:ところで　　애들:子供たち　　친구들:友達(ら)
놀다:遊ぶ　　나가다:出かける　　그럼:それでは　　우리:我々
둘이서:二人で　　한잔 하다:一杯する

Point 1 「ㅡ変則」

語幹が「ㅡ」の母音で終わる動詞や形容詞は、語幹の後ろに「아/어」または「았/었」が付いて活用するとき、「ㅡ」と「아/어/았/었」の「ゼロ音価」の初声「ㅇ」の部分がともに消えることがよくあり、これを「ㅡ変則活用」といいます。

この際、単音節の語幹の後には、「ㅡ」が陰語幹であるため常に「어」または「었」が付きますが、多音節の語幹の場合は「ㅡ」の一つ手前の音節が陽語幹なら「아」か「았」を、陰語幹なら「어」か「었」を付けます。

✎ 第10課のPoint2を参照

例 1. 쓰다(書く):　　쓰어요⇒써요　　쓰었습니다⇒썼습니다
　　 크다(大きい):　크어요⇒커요　　크었습니다⇒컸습니다

　 2. 고프다(空腹だ):고프어요⇒고파요　고프었습니다⇒고팠습니다
　　 바쁘다(忙しい):바쁘어요⇒바빠요　바쁘었습니다⇒바빴습니다
　　 기쁘다(嬉しい):기쁘어요⇒기뻐요　기쁘었습니다⇒기뻤습니다
　　 슬프다(悲しい):슬프어요⇒슬퍼요　슬프었습니다⇒슬펐습니다

Point 2　～러/～으러 : ～しに、～するために

動詞の語幹の後ろに付いて、「～しに」「～するために」という「移動の目的」の意を表す接続語尾。「～러/～으러」の後には「行く」「来る」など移動の意を表す動詞が続くのが一般的です。

1. 母音語幹・ㄹ語幹+러	2. 子音語幹+으러

例 1. 보다(見る)：한국 영화를 보러 왔어요.(韓国の映画を見に来ました。)
　　사다(買う)：백화점에 뭘 사러 가요?(デパートに何を買いに行くのですか。)
　　놀다(遊ぶ)：한국에 또 놀러 오세요.(また韓国に遊びに来てください。)
　　풀다(ほぐす)：스트레스를 풀러 볼링장에 가요.
　　　　　　　　(ストレス解消のためにボーリング場に行きます。)
　2. 깎다(刈る)：머리를 깎으러 이발소에 갔어요.(散髪しに床屋に行きました。)
　　씻다(洗う)：손을 씻으러 화장실에 갔습니다.
　　　　　　　　(手を洗いにトイレに行きました。)
　　줍다(拾う)：은행을 주우러 공원에 가요.(銀杏を拾いに公園に行きます。)
　　묻다(尋ねる)：선생님께 주소를 물으러 갔어요.
　　　　　　　　(先生に住所を訊きにいきました。)

Point 3　～ㄹ까요?/～을까요? : ～しましょうか

日本語の「～しましょうか。」に当たる、「消極的な提案や誘い」の意を表す文末語尾。話し手の意向に対する聞き手の諾否を尋ねる表現で、最後の「요?」を省略するとぞんざいな表現に変わります。
🔎 3人称主語の場合は「疑問・推量(～でしょうか)の表現になる

1. 母音語幹+ㄹ까요?	2. ㄹ語幹(脱落)+ㄹ까요?	3. 子音語幹+을까요?

例 1. 가다(行く)：무슨 영화를 보러 갈까요?(何の映画を見に行きましょう。)
　　사다(買う)：백화점에서 뭘 살까요?(デパートで何を買いましょうか。)
　2. 풀다(ほぐす)：어떻게 스트레스를 풀까?(どのようにストレスを解消しようか。)
　　들다(持つ)：그 가방 내가 들까요?(そのカバン僕が持ちましょうか。)

3. 넣다(入れる)：여권은 어디 넣을까?(パスポートはどこに入れようか。)
   찍다(撮る)：여기서도 사진 한 장 찍을까?(ここでも写真1枚撮ろうか。)
   굽다(焼く)：고기를 일 인분만 더 구울까?(肉をもう1人分だけ焼こうか。)
   싣다(載せる)：이 짐은 어디 실을까요?(この荷物はどこに載せましょうか。)

연습(練習)

発音と意味を確認しながら読んでみましょう。

1. 제 전화 번호 썼어요?　　　　　　아직 안 썼어요.
   (私の電話番号書きましたか。　　　まだ書いていません。)
2. 요즘 일이 바빠요?　　　　　　　네, 아주 바빠요.
   (最近仕事が忙しいですか。　　　　はい、大変忙しいです。)
3. 짐이 많아요. 어떻게 할까요? 택시를 탈까요?
   (荷物が多いです。どうしましょうか。タクシーに乗りましょうか。)
4. 저녁은 뭘 먹으러 갈까요?　　　오래간만에 일식으로 할까요?
   (夕食は何を食べに行きましょうか。 久しぶりに和食にしましょうか。)
5. 공부하러 도서관에 갈까요?　　　네, 같이 가요.
   (勉強しに図書館に行きましょうか。 はい、一緒に行きましょう。)

문제(問題)

「해요体」の文(〜아요/〜어요形)に直して、発音も書いてみましょう。

1. この靴、私には少し大きいです。(靴：구두)
2. お腹がすいていませんか。(お腹がすく：배가 고프다)〈前置否定形で〉
3. ビザを取りに領事館に行きます。
   (ビザ：비자　受け取る：받다　領事館：영사관)
4. 僕が窓際に座りましょうか。(窓際：창쪽　座る：앉다)
5. 明日はどこを見物しに行きましょうか。(明日：내일　見物する：구경하다)

第20課

補助語幹「겠」と助詞「〜より」&「〜를/을」を用いる表現

회화 (会話)

한가람：아빠는 뭘 드시겠어요?
(息子) [아빠는 뭘 드시게써요] パパは何を召し上がりますか。

한준기：오래간만에 냉면을 먹을까?
(父) [오래간마네 냉며늘 머글까] 久しぶりに冷麺を食べようかな。

한가람：엄마도 냉면으로 하시겠어요?
[엄마도 냉며느로 하시게써요] ママも冷麺になさいますか。

민지현：난 냉면보다는 비빔밥을 좋아해.
(母) [난 냉면보다는 비빔빠블 조아해] 私は冷麺よりはビビンバが好きよ。

한준기：가람이, 넌 뭘 먹겠니?
[가라미 넌 뭘 먹껜니] カラム、君は何をたべる。

한가람：전 불고기를 제일 좋아해요. 그런데 누나는?
[전 불고기를 제일 조아해요 그런데 누나는] 僕はプルゴギが一番好きです。ところで姉ちゃんは。

민지현：누리는 오늘 친구를 만나러 갔어.
[누리는 오늘 친구를 만나러가써] ヌリは今日友達に会いに行ったよ。

한가람：누나는 가족보다도 친구를 더 좋아해요?
[누나는 가족뽀다도 친구를 더 조아해요] 姉ちゃんは家族よりも友達がもっと好きですか。

어구 (語句)

드시다：召し上がる　　냉면：冷麺　　난：나는(私は、僕は)の縮約形
비빔밥：ビビンバ　　넌：너는(君は)の縮約形　　제일：一番、最も
누나：(弟にとっての)姉、お姉さん　　누리：가람のお姉さんの名前
오늘：今日　　가족：家族　　더：もっと

Point 1
겠：語幹に付いて「意志」の意を表す補助語幹

「겠」は「意志」の他にも「推量、婉曲」などの意を表す場合もあります。また、過去補助語幹(았・었)や尊敬補助語幹(시・으시)の後に付けて使うこともできます。

例 1. 뭘 드시겠어요?　　　전 맥주로 하겠습니다.
　　(何になさいますか。)　(私はビールにします。)

2. 정년 퇴직후에는 시골에서 살겠어.
　(定年退職後は田舎で暮らすつもりだ。)

3. 오늘은 어디를 구경하시겠어요?
　(今日はどこを見物なさるつもりですか。)

4. 하늘의 구름을 보세요. 비가 오겠어요.
　(空の雲を見てください。 雨が降りそうです。)

5. 아시겠어요?　　　아니요, 잘 모르겠어요.
　(お分かりですか。)　(いいえ、よく分かりません。)

Point 2
～보다：～より

「～보다」は「比較」の意を表す助詞で、日本語の「～より」に相当します。その後ろに「～는(～は)」や「～도(～も)」を付けて使う用法もあります。

1. ～보다：～より	2. ～보다는：～よりは	3. ～보다도：～よりも

例 1. 생선보다 고기를 잘 먹어요. (魚より肉をよく食べます。)

2. 커피보다는 홍차를 많이 마셔요.
　(コーヒーよりは紅茶をよく飲みます。)

3. 문법보다도 발음이 어려워요. (文法よりも発音の方が難しいです。)

Point 3　助詞「〜를/을」を用いる表現

日本語では目的格助詞の「〜を」を使わないのに、韓国語では「〜를/을」が使われる表現がいくつかあります。

1. **〜를/을 좋아하다**：〜が好きだ
   例 영화보다도 드라마를 좋아해요.
   (映画よりもドラマが好きです。)

2. **〜를/을 싫어하다**：〜が嫌いだ
   例 많은 사람들이 담배를 싫어해요.
   (多くの人々はタバコが嫌いです。)

3. **〜를/을 타다**：〜に乗る
   例 공항에서 리무진 버스를 탈까요?
   (空港でリムジンバスに乗りましょうか。)

4. **〜를/을 만나다**：〜に会う
   例 오후에 이 선생님을 만나러 갈까요?
   (午後李先生に会いに行きましょうか。)

5. **〜를/을 견디다**：〜に耐える
   例 슬픔을 견디면서 열심히 공부했어.
   (悲しみに耐えながら一生懸命勉強した。)

6. **〜를/을 이기다**：〜に勝つ
   例 작은 선수가 큰 선수를 이겼어?
   (小さい選手が大きい選手に勝ったの。)

연습(練習)

発音と意味を確認しながら読んでみましょう。

1. 제가 개찰구 앞에서 기다리겠습니다.　　그럼 이따가 만나요.
   (私が改札口の前でお待ちします。　　　では、後で会いましょう。)
2. 몇 시에 오시겠어요?　　　세 시 반쯤 가겠습니다.
   (何時にいらっしゃるつもりですか。　3時半頃に行きます。)
3. 회사에 남자보다 여자가 많아요.(会社に男性より女性の方が多いです。)
4. 그래도 서울보다는 따뜻해요.(それでもソウルよりは暖かいです。)
5. 난 영화보다도 연극을 좋아해요. 연극을 보러 가요.
   (わたしは映画よりも演劇が好きです。演劇を観に行きましょう。)
6. 여름을 싫어하세요?　　　여름보다는 겨울을 좋아해요.
   (夏が嫌いですか。　　　夏よりは冬が好きです。)
7. 내일은 누구를 만나요?　　박 교수님을 만나러 가겠습니다.
   (明日は誰に会う予定ですか。　朴教授に会いに行くつもりです。)
8. 호텔까지 지하철을 탑시다.(ホテルまで地下鉄で行きましょう。)
9. 삭풍을 견디다 보면 봄이 와요.(北風に耐えているうちに春が来ます。)
10. 도전자가 챔피언을 이겼어요.(挑戦者がチャンピオンに勝ちました。)

문제(問題)

「해요体」の文(〜아요/〜어요形)に直して、発音も書いてみましょう。

1. どんな映画を観るつもりですか。(どんな映画：어떤 영화)
2. 僕はハンバーガーとコーラにします。(ハンバーガー：햄버거　コーラ：콜라)
3. おじいさんは動物より植物がお好きです。(動物：동물　植物：식물)
4. 李先生よりも鄭先生に会いにいきましょうか。
   (李先生：이 선생님　鄭先生：정 선생님)
5. 冬の山登りは寒さに耐えるのが大変です。(冬：겨울　山登り：등산
   寒さ：추위　耐えるのが：견디는 것이　大変だ：힘들다)
6. 雨が降っています。タクシーに乗りましょうか。(雨が降っている：비가 오다)

115

第21課

「逆説」と「願望・希望」の表現 & 「〜고」と「〜지요」

회화 (会話)

할머니 (祖母): 여보세요. 아, 가람이구나. 다들 잘 있었어?
[여보세요 아 가라미구나 다들 잘 이써써]
もしもし。あ、カラムだね。みんな元気だった？

한가람 (孫息子): 네. 할머니랑 할아버지도 건강하시지요?
[네 할머니랑 할아버지도 건강하시지요]
はい。おばあさんとおじいさんもご元気ですよね。

할머니: 응, 잘 지낸다.
[응 잘 지낸다] うん、元気で過ごしているよ。

그런데 우리는 가람이랑 누나가 보고 싶은데…….
[그런데 우리는 가라미랑 누나가 보고시픈데]
ところで、私たちはカラムと(君の)お姉さんに会いたいけど…

한가람: 저도 뵙고 싶고 또 누나도 뵙고 싶어해요.
[저도 뵙꼬십꼬 또 누나도 뵙꼬시퍼해요]
私も会いたいですし、また、お姉ちゃんもお目にかかることを願っています。

할머니: 그럼 아빠 엄마랑 넷이서 한번 놀러 와.
[그럼 아빠 엄마랑 네시서 한번 놀러와]
だったら、パパとママ4人で一度遊びに来なよ。

한가람: 놀러 가고 싶지만, 매일 숙제도 있고,
[놀러가고십찌만 매일 숙쩨도 읻꼬]
遊びに行きたいのですが、毎日宿題もあって、

채팅이랑 TV 게임 때문에 저도 아주 바빠요.
[채팅이랑 티브이 게임 때문에 저도 아주 바빠요]
チャットやテレビゲームのために私もとても忙しいんです。

어구 (語句)

다들 : 皆	잘 있다 : 元気だ	건강하시다 : お元気だ	지내다 : 過ごす
뵙다 : お目にかかる	넷이서 : 4人で	매일 : 毎日	숙제 : 宿題
채팅 : チャット	TV게임 : テレビゲーム	〜 때문에 : 〜のために	
아주 : とても	바쁘다 : 忙しい		

Point 1 ～지만 : ～が/～けれど(も)/～だけど

前の内容を認めつつ、反対の意見などを付け加える際に使う「逆説」の意を表す接続語尾。補助語幹も含め、全ての語幹の後に付けて使えます。

例 1. 바람은 세게 불지만 안 추워요.(風は強く吹くけど寒くありません。)
2. 미안하지만, 지금 몇 시예요?(すみませんが、今何時ですか。)
3. 시간은 있지만 돈이 없어요.(時間はあるけどお金がありません。)
4. 외국 사람이지만 발음이 좋아요.(外国人だけど発音がいいです。)
5. 늦게 일어났지만 지각은 안 했어.(遅く起きたけど時刻はしなかった。)
6. 그림은 잘 그리시지만 노래는 못 하세요.
(絵を描くのはお上手ですけど歌は下手です。)

Point 2 ～고 싶다 : ～したい

動詞と存在詞(있다)の語幹に付いて、「願望・希望」の意を表す表現です。

例 1. 신칸센을 타 보고 싶어요.(新幹線に乗ってみたいです。)
2. 성함과 연락처를 알고 싶습니다.(お名前と連絡先を知りたいです。)
3. 한국에 일주일쯤 더 있고 싶어.(韓国にあと1週間ぐらい滞在したい。)

Point 3 ～고 싶어하다 : ～したがる

主語が3人称の場合は、動詞と存在詞(있다)の語幹に「～고 싶어하다」を付けて、「～したがる」という「願望・希望」の表現を作ることができます。

例 1. 팬들이 그 가수를 만나고 싶어해요.
(ファンの方々がその歌手に会いたがっています。)
2. 노후에는 어디서 살고 싶어해요?
(老後はどこで暮らしたがっていますか。)
3. 그 부부는 늘 함께 있고 싶어했어요.
(その夫婦はいつも一緒にいようとしていました。)

Point 4　～고：～で / ～くて / ～し(て) / ～してから

　　「～고」は、全ての語幹の後に付いて、2つの文を1つにつなぐ役割をする接続語尾です。その主な用法は次のとおりです。

1. 2つ以上の事実を単純に並べる。

    온돌방은 여름에는 시원하고 겨울에는 따뜻해요.
    (オンドル部屋は、夏は涼しく、冬は暖かいです。)

2. 2つ以上の出来事が同時に起きることを示す。

    바람도 세게 불고 비가 많이 와요. (風も強く吹くし、雨も沢山降ります。)

3. 1つの先行動作が完了したあと、他の動作が続くことを示す。

    밥을 먹고 이를 닦아요? 이를 닦고 밥을 먹어요?
    (ご飯を食べてから歯を磨きますか、それとも歯を磨いてからご飯を食べますか。)

4. 一部の動詞の動作が完了した時の状態が、後続文の動作に持続することを示す。

    누나는 새 구두를 신고 외출했어요. (姉は新しい靴を履いて出かけました。)

Point 5　～지요：～ですね。/ ～ますね。/ ～ですよ。/ ～ますよ。

　　話し手が聞き手に対し自分の考えなどを柔らかく説明するときや、話し手が自分の意志を示すときに使う叙述形文末語尾です。

例
1. 한국에도 장마가 있지요. (韓国にも梅雨がありますよ。)
2. 내가 한 번 얘기해 보지요. (僕が一度話してみます。)

　　～지요？：でしょう？ / ～ですよね？ / ～ますね？

　　話し手が自分の考えなどに対する聞き手の同意を求める表現で、「疑問詞+지요?」は普通の疑問文より柔らかい尋ね方になります。

例
1. 실례지만 일본분이시지요? (失礼ですが、日本の方ですよね。)
2. 이 지갑은 얼마지요? (この財布はいくらですかね。)

연습(練習)

発音と意味を確認しながら読んでみましょう。

1. 발음은 어렵지만 문법은 쉬워요.(発音は難しいけど文法は易しいです。)
2. 실례지만, 화장실이 어디입니까?(失礼ですが、トイレはどこですか。)
3. 일찍 왔지만 아무도 없었어요.(早く来ましたが誰もいませんでした。)
4. 언젠가 시골에서 살고 싶어요.(いつか田舎に住みたいです。)
5. 혼자서 조용히 책을 읽고 싶어해요.(一人で静かに本を読みたがっています。)
6. 술을 더 마시고 싶지만 참겠습니다.(酒をもっと飲みたいけど我慢します。)
7. 이쪽이 동쪽이고 저쪽이 서쪽이에요.(こちらが東であちらが西です。)
8. 엄마는 세탁을 하고 아빠는 청소를 해요.
   (ママは洗濯を、パパは掃除をします。)
9. 매일 밤 일기를 쓰고 자요.(毎晩、日記を書いてから寝ます。)
10. 우산을 갖고 나가세요.(傘を持って出かけてください。)
11. 한국의 국화는 무궁화지요.(韓国の国の花はムクゲですよ。)
12. 국제 전화는 어떻게 걸지요?(国際電話はどのようにかけますかね。)

문제(問題)

「해요体」の文(〜아요/〜어요形)に直して、発音も書いてみましょう。

1. すみませんが、道をちょっと教えてくださいますか。
   (すまない:미안하다　道:길　教えてくれる:가르쳐 주다)
2. 卒業後は韓国に留学したいです。(卒業後は:졸업 후에는　留学:유학)
3. 弟は医者になりたいと思っています。
   (弟:남동생　医者:의사　〜になる:〜가/이 되다)
4. 妹は毎晩、韓国ドラマを見たがります。(妹:여동생　毎晩:매일 밤)
5. 日曜日は掃除もし、音楽も聴きます。
   (日曜日は:일요일에는　掃除:청소　音楽:음악　聴く:듣다)
6. 韓国にも春夏秋冬がありますよ。(春夏秋冬:춘하추동)
7. 民俗村はソウルから近いですよね。(民俗村:민속촌　近い:가깝다)

第22課

「～네요.」と助詞「～처럼 / ～같이」」&不可能形

회화(会話)

민지현：가람아, 오늘 시험 어땠어? 표정이 어둡네.
(母)　　[가라마　오늘　시험　어때써　표정이　어둡네]
カラム、今日の試験、どうだった。表情が暗いね。

민가람：못 봤어요. 이번 성적은 기대하지 마세요.
(息子)　[몯빠써요　이번　성저근　기대하지마세요]
だめでした。今回の成績は期待しないでください。

민지현：왜? 지난번같이 열심히 공부하지 않았니?
　　　　[왜　지난번가치　열씨미　공부하지아난니]
どうして。この前のように一生懸命勉強しなかったの?

한가람：이번에는 시험 공부에 집중하지 못했어요.
　　　　[이버네는　시험꽁부에　집쭝하지모태써요]
今回は試験勉強に集中できませんでした。

민지현：왜 집중하지 못했지?
　　　　[왜　집쭝하지모탣찌]
どうして集中できなかったんだろう。

　　　　그럼 누나처럼 좋은 학교에 못 간다.
　　　　[그럼　누나처럼　조은　학꾜에　몯깐다]
それじゃ、お姉さんのようにいい学校にはいけないよ。

한가람：괜찮아요. 전 요즘 공부에는 별로 관심이 없어요.
　　　　[괜차나요　전　요즘　공부에는　별로　관시미　업써요]
構いません。僕は最近勉強にはあまり関心がありません。

민지현：아, 걱정이네.
　　　　[아　걱쩡이네] ああ、心配だわ。

120

어구(語句)

시험 : 試験　　표정 : 表情　　어둡다 : 暗い
(시험을) 못 보다 : よい成績を収めることができない　　성적 : 成績
기대하다 : 期待する　　지난번 : この前　　열심히 : 一生懸命
공부하다 : 勉強する　　집중하다 : 集中する　　괜찮다 : 構わない
요즘 : 最近　　관심 : 関心　　걱정이다 : 心配だ

Point 1　〜네요 : 〜ですね。/ 〜ますね。

会話の中で多用される柔らかい文末語尾で、
「〜네.」はぞんざいな言い方になります。

例 1. 휴일에는 사람이 별로 없네요. (休日は人があまりいないですね。)
　　2. 이건 한일사전이 아니네요. (これは韓日辞書ではないですね。)
　　3. 한국 사람들은 인정이 많네요. (韓国の人々は人情深いですね。)
　　4. 이 가게는 물건을 싸게 파네. (この店は品物を安く売っているね。)

Point 2　〜처럼/〜같이 : 〜のように、〜みたいに

姿や動作などが似ているか、同じであることを示す助詞。
「〜처럼은」は「〜のようには/〜ほどは(=〜만큼은)」という意味です。

例 1. 새처럼(=같이) 하늘을 날고 싶네요.
　　　(鳥のように空を飛びたいですね。)
　　2. 선생님처럼(=같이) 발음해 보세요.
　　　(先生のように発音してみてください。)
　　3. 이건 그 영화처럼은(=만큼은) 재미있지 않아.
　　　(これはその映画ほどは面白くない。)

Point 3 不可能形(「〜できない」)

🔖 第12課Point3「否定形」を参照

1.
   - 前置不可能形：못＋動詞・있다(いる)
   - 後置不可能形：動詞と있다(いる)の語幹＋지 못하다

例 뛰다(走る)：　　　　못 뛰어요　　　뛰지 못해요
　 쓰다(書く)：　　　　못 써요　　　　쓰지 못해요
　 열다(開ける)：　　　못 열어요　　　열지 못해요
　 돕다(手伝う)：　　　못 도와요　　　돕지 못해요
　 걷다(歩く)：　　　　못 걸어요　　　걷지 못해요

2.「名詞＋하다」の形を持つ動詞の前置不可能は「名詞＋못하다」

例 환금하다(両替する)：　환금 못해요　　환금하지 못해요
　 지불하다(支払う)：　　지불 못해요　　지불하지 못해요
　 연락하다(連絡する)：　연락 못해요　　연락하지 못해요

연습(練習)

発音と意味を確認しながら読んでみましょう。

1. 한국의 가을 하늘은 정말 높네요.(韓国の秋空は本当に高いですね。)
2. 마치 가수처럼(=같이) 노래를 잘하네.(歌手のように歌が上手だね。)
3. 그 선수처럼은(=만큼은) 키가 크지 않아요.

    (その選手ほどは背が高くないです。)
4. 서울에 언제 오시지요?　　　아직 비행기표를 사지 못했어요.

    (ソウルにいついらっしゃるのですか。　まだ、航空券を買えないままにいます。)
5. 한국 사람처럼 말을 잘하네요.　　무슨 말씀을. 아직 잘 못해요

    (韓国人のように言葉が上手ですね。　何をおっしゃいますか。まだ、下手です。)

문제(問題)

「해요体」の文(〜아요/〜어요形)に直して、発音も書いてみましょう。

1. 真夏でも朝と夕方は涼しいですね。

    (真夏でも:한여름에도　朝:아침　夕方:저녁　涼しい:선선하다)
2. 山の中で鶴のように生きたいです。(山の中:산 속　鶴:학　生きる:살다)
3. 約束を守れませんでした。すみません。(約束:약속　守る:지키다)
4. 私は市場でも値切ることができません。(市場:시장　値切る:값을 깎다)
5. 母ほど上手に料理することはできません。(上手に料理する:요리를 잘하다)

第23課

「～게(副詞形)」と連用形(～아/어)を含む表現 I

회화(会話)

한누리: **아빠, 요즘 좀 피곤하세요?**
(娘) [아빠 요즘 좀 피고나세요] パパ、最近ちょっとお疲れですか。

한준기: **좀 피곤하지만 괜찮아.**
(父) [좀 피고나지만 괜차나] 少し疲れているけど大丈夫だよ。

한누리: **제가 과일이라도 깎아 드릴까요?**
[제가 과이라도 까까드릴까요]
私が果物でも剥いて差し上げましょうか。

한준기: **누리가 갑자기 왜 이렇게 친절하게 변했지?**
[누리가 갑짜기 왜 이러케 친저라게 변낻찌]
ヌリが急に、どうしてこんなに親切に変わったんだろう。

한누리: **아빠, 엄마하고 건강하게 오래 오래 사세요.**
[아빠 엄마하고 건강하게 오래 오래 사세요]
パパ、ママと元気で長生きしてください。

그리고 우리 형제를 항상 곁에서 지켜봐 주세요.
[그리고 우리 형제를 항상 겨테서 지켜봐주세요]
そして我が兄弟をいつもそばで見守ってください。

한준기: **고맙다. 그런데 너 오늘 아빠한테**
[고맙다 그런데 너 오늘 아빠한테]
ありがとう。ところでお前、今日どうしてパパに

왜 그렇게 상냥하게 대하는 거니?
[왜 그러케 상냥하게 대하는 거니] そんなに優しくするわけ？

한누리: **사실은 아빠, 저도 방학에 일본에 가 보고 싶어요.**
[사시른 아빠 저도 방하게 일보네 가보고 시퍼요]
実はパパ、私も休みに日本に行ってみたいです。

그러니까 그 비용을 좀 대 주세요.
[그러니까 그 비용을 좀 대주세요]
ですからその費用をちょっと出してください。

한준기: **역시! 한번 생각해 볼게.**
[역씨 한번 생가케볼께] やっぱり！一度考えてみる。

어구(語句)

피곤하다 : 疲れている　　제가 : 私が　　〜(이)라도 : 〜でも　　깎다 : 剝く
갑자기 : 急に　　친절하다 : 親切だ　　변하다 : 変わる　　곁 : そば、傍ら
지켜보다 : 見守る　　상냥하다 : 優しい　　대하다 : 相手にする、接する
방학 : 学校の長期休暇　　그러니까 : だから　　비용 : 費用
대다 : 出す、援助する　　역시 : やはり　　생각하다 : 考える
〜ㄹ/을게 : 〜するから

Point 1　〜게 : 〜く、〜に

形容詞や存在詞の語幹の後に「〜게」が付くと、
形容詞や存在詞は副詞形に変わります。

例 1. 잘 안 들려요. 좀 더 크게 말씀해 주세요. 〈크다→크게〉
   (よく聞こえません。もう少し大きい声でおっしゃってください。)

2. 지금은 혼자 조용하게 있고 싶어. 〈조용하다→조용하게〉
   (今は一人で静かにいたいの。)

3. 나한테는 솔직하게 얘기해 봐. 〈솔직하다→솔직하게〉
   (僕には正直に話してごらん。)

4. 손님, 물냉면입니다. 맛있게 드세요. 〈맛있다→맛있게〉
   (お客様、水冷麺です。美味しく召し上がってください。)

Point 2　～아/어 주다：～てあげる、～てくれる

　　動詞や存在詞있다の連用形(～아/어)に、日本語の「あげる」と「くれる」の両方の意味を持つ動詞「주다」を付けて、「～てあげる」または「～てくれる」という表現を作ることができます。

　　また、連用形の後に「주다」の尊敬形「드리다」を付けると、「～てさしあげる」という意味になります。

例 1. 아기가 울어요. 좀 안아 주세요.
　　（赤ちゃんが泣いています。ちょっと抱いてあげてください。）

2. 어린이에게 책을 많이 읽어 주세요.
　　（子供に本を沢山読んであげてください。）

3. 내일 아침 7시에 깨워 주세요.
　　（明日の朝7時に起こしてください。）

4. 내 얘기도 들어 주세요.
　　（わたしの話も聞いてください。）

5. 할머니 짐을 좀 들어 드리세요.
　　（おばあさんの荷物を代わりに持ってあげてください。）

6. 사토 씨께 서울을 안내해 드렸어요.
　　（佐藤さんにソウルをご案内しました。）

Point 3　～아/어 보다 : ～(し)てみる

　　動詞や存在詞**있다**の連用形(～아/어)に、日本語の「みる」に当たる動詞「보다」を付けると、「～(し)てみる」という「**試み**」や「**経験**」の意を表す表現になります。

例 1. 한국의 시도 읽어 보세요.
　　(韓国の詩も読んでみてください。)

2. 두 분처럼 발음해 보십시오.
　　(お二人のように発音なさってみてください。)

3. 경찰한테 길을 물어볼까요?
　　(警察官に道を尋ねてみましょうか。)

4. 경주에도 한번 가 보고 싶어요.
　　(慶州にも一度行ってみたいです。)

5. 인삼차를 마셔 봤어요?
　　(高麗人参茶を飲んだことがありますか。)

연습(練習)

発音と意味を確認しながら読んでみましょう。

1. 벚꽃이 아름답게 피었네요. (桜の花が美しく咲きましたね。)

2. 피곤하지요? 편안하게 쉬세요. (疲れたでしょう。楽に休んでください。)

3. 맵지 않게 해 주세요. (辛くないようにしてください。)

4. 조금만 더 깎아 주세요. (もう少しだけ負けてください。)

5. 관광객에게 길을 가르쳐 줬어요. (観光客に道を教えてあげました。)

6. 내 주소하고 전화 번호를 써 줄까? (僕の住所と電話番号を書いてあげようか。)

7. 제가 사진을 찍어 드릴까요? (私が写真をお撮りしましょうか。)

8. 할머니 가방을 들어 드리세요. (おばあさんのカバンを持ってさしあげてください。)

9. 막걸리도 한번 마셔 보고 싶네요. (マッコリも一度飲んでみたいですね。)

10. 낮과 밤의 밤은 짧게, 먹는 밤은 길게 발음해 보세요.

　　(昼と夜の夜は短く、食べる栗は長く発音してみてください。)

문제(問題)

「해요体」の文(〜아요/〜어요形)に直して、発音も書いてみましょう。

1. 値段をもう少し安くしてください。(値段:값　もう少し:좀 더　安い:싸다)

2. これ、綺麗に包装してください(綺麗だ:예쁘다　包装する:포장하다)

3. 明日はどこをご案内いたしましょうか。(案内する:안내하다)

4. この旅行小切手を現金にしてください。(旅行者小切手:여행자 수표

   現金にする:현금으로 바꾸다)

5. 地下鉄も一度乗ってみたいです。(地下鉄:지하철　一度:한번)

第24課
連用形(〜아/어)を含む表現 II

회화(会話)

한준기 (夫): 아, 피곤해. 오늘은 일찍 자 버릴까?
[아 피고내 오느른 일찍 자버릴까]
ああ、疲れた。今日は早めに休んじゃおかな。

민지현 (妻): 날씨가 갑자기 더워졌잖아요.
[날씨가 갑짜기 더워젼짜나요] 急に暑くなったじゃないですか。

그래서 그런지 애들도 매일 피곤해해요.
[그래서그런지 애들도 매일 피고내해요]
そのせいか子供達も毎日疲れると言っています。

한준기: 당신은 어때?
[당시는 어때] あなたはどう?

민지현: 나는 괜찮아요. 그러니까 불안해하지 마세요.
[나는 괜차나요 그러니까 부란내하지마세요]
私は大丈夫。だから不安に思わないでください。

한준기: 당신은 요즘 오히려 건강해지는 것 같아.
[당시는 요즘 오히려 건강해지는걷까타]
あなたは最近むしろ元気になっているようだな。

민지현: 하지만 가끔씩 추위를 느껴요.
[하지만 가끔씩 추위를 느껴요]
でも、時々寒さを感じますよ。

한준기: 이렇게 더운데 왜 추위를 느끼지?
[이러케 더운데 왜 추위를 느끼지]
こんなに暑いのにどうして寒さを感じるんだろう?

민지현: 마음이 외로워지면 몸도 춥게 느껴지는 거예요.
[마으미 외로워지면 몸도 춥께 느껴지는거에요]
心が寂しくなると体も寒く感じるようになるんです。

한준기: 바쁘면 외로움도 잊어버리는 거예요.
[바쁘면 외로움도 이저버리는거에요]
忙しいと寂しさも忘れてしまうんです。

130

어구(語句)

일찍 : 早く、早めに　　자다 : 寝る　　금방 : すぐ　　날씨 : 天気
갑자기 : 急に　　덥다 : 暑い　　그래서 그런지 : そのせいか、そうだからなのか
불안하다 : 不安だ　　오히려 : むしろ　　건강하다 : 元気だ
하지만 : けれども　　가끔씩 : たまに　　느끼다 : 感じる　　외롭다 : 寂しい
~(으)면 : ~れば　　몸 : 体　　추위 : 寒さ
~는 것이다 : ~するのだ、~するわけだ　　바쁘다 : 忙しい　　외로움 : 寂しさ
잊어버리다 : 忘れてしまう

Point 1　～아/어 버리다 : ～(て)しまう

動詞の連用形(～아/어)に「버리다」を付けて、その動作がいったん完了し、取り返しがつかない、元に戻せないことを表すことができます。

「버리다」は本来、「捨てる、見捨てる」、あるいは「壊す、あきらめる」などの意味を持つ他動詞です。

例 1. 호텔 이름을 잊어버렸어요.
   (ホテルの名前を忘れてしまいました。)

2. 지갑을 잃어버려서 큰일입니다.
   (財布をなくしてしまい、大変です。)

3. 맥주 한 병을 벌써 다 마셔 버렸어요?
   (ビール一本をもう飲み干したのですか。)

4. 지하철은 이미 끊겨 버렸어요. 택시를 탈까요?
   (地下鉄はすでに終わってしまいました。タクシーに乗りましょうか。)

5. 쓰레기는 다 버려 버렸어요.
   (ゴミは全て捨ててしまいました。)

Point 2　～아/어지다 : ～くなる、～になる、～れる、～られる

1. 「～아/어지다」が状態の意を表す形容詞の語幹に付くと、その状態が少しずつ甚だしくなっていく「推移」の表現になります。
2. 「～아/어지다」が一部の動詞の語幹に付くと、その動詞は「受け身」の意味に変わります。
3. 「없어지다」は「(い)なくなる」という意味です。

　✎ ～하다＋아/어지다 ⇒ ～하여지다 ≒ ～해지다

例 1. 여러분의 발음이 점점 좋아지고 있네요.
(皆さんの発音が段々よくなってきましたね。)

동지 다음날부터는 낮 시간이 점차 길어지지요?
(冬至の次の日から昼の時間が次第に長くなりますようね。)

다음 주 초부터는 조금씩 따뜻해지겠습니다.
(来週初めからは少しずつ暖かくなるでしょう。)

2. 주어진 시간 안에 서둘러서 다 구경해 봅시다.
(与えられた時間内に急いで全てを見物してみましょう。)

피라밋의 새로운 비밀이 밝혀졌지요?
(ピラミッドの新しい秘密が明らかになりましたね。)

3. 이제 그런 것에는 관심이 없어졌어요.
(もうそのようなことには関心がなくなりました。)

Point 3　～아/어하다 : ～がる

「아/어하다」は、主に感情の意を表す形容詞の語幹に付いて、その感情を抱くという動作を表現します。つまり、形容詞を動詞に変える役割をするわけです。

～하다＋여하다 ⇒ ～해하다

例 1. 좋다(好きだ) ⇒ 좋아하다(好む)
　　 싫다(嫌だ) ⇒ 싫어하다(嫌がる)

2. 덥다(暑い) ⇒ 더워하다(暑がる)
   춥다(寒い) ⇒ 추워하다(寒がる)
   밉다(憎い) ⇒ 미워하다(憎む)
   그립다(懐かしい) ⇒ 그리워하다(懐かしがる)

3. 기쁘다(嬉しい) ⇒ 기뻐하다(嬉しがる)
   슬프다(悲しい) ⇒ 슬퍼하다(悲しがる)
   아프다(痛い) ⇒ 아파하다(痛がる)

4. 불안하다(不安だ) ⇒ 불안해하다(不安がる)
   쓸쓸하다(寂しい) ⇒ 쓸쓸해하다(寂しがる)
   창피하다(恥ずかしい) ⇒ 창피해하다(恥ずかしがる)　など

연습(練習)

発音と意味を確認しながら読んでみましょう。

1. 3박4일간의 서울 여행이 벌써 다 끝나 버렸네.

    (3泊4日間のソウル旅行がもう終わってしまったね。)

2. 어제는 단어를 많이 외웠지만, 벌써 반쯤 잊어버렸어요.

    (昨日は単語を沢山覚えましたが、もう半分ぐらい忘れてしまいました。)

3. 나머지 고기도 다 구워 버릴까? (残りの肉も全部焼いてしまおうか。)

4. 내일부터는 일이 바빠져요. 오늘은 푹 쉬고 싶어요.

    (明日からは仕事が忙しくなります。今日はじっくり休みたいです。)

5. 과학의 발달로 생활이 많이 편리해졌지요.

    (科学の発達で生活が大分便利になりましたね。)

6. 이 볼펜은 정말 잘 써지네요. (このボールペンは本当にすらすら書けますね。)

7. 이젠 그런 의욕도 없어졌어요. (いまや、そのような意欲もなくなりました。)

8. 쇠고기하고 돼지고기는 좋아하지만 닭고기는 싫어해요.

    (牛肉と豚肉は好きですけれども鳥肉は嫌いです。)

9. 여러분께서는 어떨 때 기뻐하고 어떨 때 슬퍼합니까?

    (皆様はどんなときに嬉しがって、またどんなときに悲しがるのですか。)

10. 치안도 좋고 사람들이 친절해요. 불안해하지 마세요.

    (治安もよく人々が親切です。不安に思わないでください。)

문제(問題)

「해요체」の文(～아요/～어요形)に直して、発音も書いてみましょう。

1. その学生は各課の〈会話〉を全部暗記してしまいます。

    (各課:각 과   全部:전부   暗記する:암기하다)

2. この本は昨夜最後まで全部読んでしまいました。

    (本:책   昨夜:어젯밤에   最後まで:끝까지   全部:다   読む:읽다)

3. 発音は易しくなり、文法が難しくなりました。

    (発音:발음   易しい:쉽다   文法:문법   難しい:어렵다)

4. 出生率は低くなって、平均寿命は高くなりました。

    (出生率:출생률   低い:낮다   平均寿命:평균 수명   高い:높다)

5. 韓国の俳優の中で誰がお好きですか。(俳優:배우   ～の中で:～ 중에서)

6. どんな食べ物がお好きで、どんな食べ物がお嫌いですか。

    (どんな食べ物:어떤 음식)

第25課
動詞の連体形

회화(会話)

민지현 (母): 가람, 너 요즘 읽는 책이 뭐니?
[가람 너 요즘 잉는채기 뭐니]
カラム、あなたは最近何の本を読んでいるの?

한가람 (息子): 책은 거의 안 읽고 주로 만화를 봐요.
[채근 거이 아닐꼬 주로 마놔를 봐요]
本はほとんど読まずに大体漫画を読みます。

민지현: 그럼 지난 한 달 동안 읽은 책이 뭐야?
[그럼 지난한달똥안 일근채기 뭐야]
だったら、この1ヵ月間の間に読んだ本は何?

한가람: 초등학교 때 읽던 동화를 몇 권 읽었어요.
[초등학꾜때 익떤동화를 멷꿘 일거써요]
初等学校の時に読んでいた童話を何冊か読みました。

민지현: 뭐라고? 중학생이 읽는 책이 만화하고 동화?
[뭐라고 중학쌩이 잉는채기 마놔하고 동화]
何ですって? 中学生が読む本が漫画と童話だと?

한가람: 그래도 아무것도 안 읽는 것보다는 낫잖아요.
[그래도 아무걷또 아닝는걷뽀다는 낟짜나요]
それでも何も読まない方よりはいいでしょう?

민지현 : 안되겠다. 엄마가 중학생 때 읽었던 책을
　　　　[안되겓따　　엄마가　　중학쌩때　　일걷떤채글]
　　　　だめだね。ママが中学生のときに読んでいた

　　　소개해 줄 테니까, 우선 그것부터 읽는 게 좋겠다.
　　　　[소개해줄테니까　　우선　　그걷뿌터　　잉는게　　조켇따]
　　　　本を紹介してあげるから、まず、それらを読んだ方がよさそうだ。

한가람 : 그럼 전부 다 만화책이지요? 우리 엄마 최고!
　　　　[그럼　전부　다　　마놔채기지요　　우리　엄마　최고]
　　　　だったら(それは)全部漫画本ですよね？うちのママは最高！

어구(語句)

거의 : ほとんど	주로 : 主に	만화 : 漫画	지나다 : 過ぎる
한 달 : 1ヵ月	～동안 : ～の間	초등학교 : 初等学校〈小学校〉	
동화 : 童話	～권 : ～冊	중학생 : 中学生	그래도 : それでも
아무것도 : 何にも	낫다 : ましだ, よい	안되다 : だめだ	
소개하다 : 紹介する	우선 : まず	전부 : 全部	최고 : 最高

Point 1　連体形

体言(名詞、代名詞など)の前で、その体言を修飾する際の用言(動詞、形容詞、存在詞、指定詞)の形を連体形といいます。

✎ 連体形とその後に続く体言は、間を置かずに続けて言うのが普通です

Point 2　動詞の連体形

時制別	語幹別	連体形	原形	語幹+連体形	用例
過去回想	母音	～던	가다	가 + 던	가던 가게(よく行っていた店)
	ㄹ(리을)	～던	살다	살 + 던	살던 사람(住んでいた人)
	子音	～던	읽다	읽 + 던	읽던 책(読んでいた本)
過去	母音	～ㄴ	가다	가 + ㄴ	간 가게(行った店)
	ㄹ(脱落)	～ㄴ	살다	사 + ㄴ	산 사람(住んだ人)
	子音	～은	읽다	읽 + 은	읽은 책(読んだ本)
現在	母音	～는	가다	가 + 는	가는 가게(行く店)
	ㄹ(脱落)	～는	살다	사 + 는	사는 사람(住む人)
	子音	～는	읽다	읽 + 는	읽는 책(読む本)
未来	母音	～ㄹ	가다	가 + ㄹ	갈 가게(これから行く店)
	ㄹ(脱落)	～ㄹ	살다	사 + ㄹ	살 사람(これから住む人)
	子音	～을	읽다	읽 + 을	읽을 책(これから読む本)

＊過去回想は時間的な幅を持つ過去を表す表現で、「～았/었던」の形もよく使います。

연습(練習)

発音と意味を確認しながら読んでみましょう。

1. 어릴/어렸을 때 같이 놀던 친구들이 그리워지네요.
   (幼かった頃一緒に遊んでいた友達らが懐かしくなりますね。)
2. 옛날에 읽(었)던 책들을 다시 읽어 보고 싶어요.
   (昔読んでいた本をまた読んでみたいです。)
3. 경기가 안 좋지만 수입이 는 사람도 있어요.
   (景気がよくないけど、それでも収入が増えた人もいます。)
4. 작년 일 년 동안 기온이 30도를 넘은 날이 며칠쯤 되지요?
   (去年1年間気温が30度を超えた日は何日位になりますかね。)
5. 제일 늦게 오는 사람은 벌금을 내세요.
   (一番遅く来る人は罰金を払ってください。)
6. 이 가게에 일본말을 아는 분은 안 계세요?
   (この店に日本語の分かる方はいらっしゃいませんか。)
7. 졸업 후에는 대학원에 진학할 예정이에요.
   (卒業後は大学院に進学する予定です。)
8. 내일은 집에서 비빔밥을 만들 생각이에요.
   (明日は家でビビンバを作るつもりです。)

문제(問題)

「해요体」の文(〜아요/〜어요形)に直して、発音も書いてみましょう。

1. 昔一緒に遊んでいた友達らと今も会いますか。
2. 昨日、電話で部屋を予約した鈴木です。(昨日:어제　部屋:방　予約:예약하다)
3. 外国人より韓国の人々がよく行く店を紹介してください。
   (外国人:외국인　韓国の人々:한국 사람들　店:가게　紹介する:소개하다)
4. 一番好きなスポーツは何ですか。
   (一番好きだ:제일 좋아하다　スポーツ:스포츠　何:뭐)
5. ソウル市内を観光なさる方はこちらにおいでください。
   (市内:시내　観光する:관광하다　方:분　こちらに:이쪽으로)

139

第 26 課
形容詞・存在詞・指定詞の連体形

회화(会話)

한가람: 엄마, 역 앞에 있던 작은 서점이 없어진 거 아세요?
(息子) [엄마 여가페 읻떤 자근서저미 업써진거 아세요]
ママ、駅の前にあった小さい書店がなくなったのを知っていますか？

민지현: 응. 서점이었던 곳이 앞으로 뭐로 바뀔까?
(母) [응 서저미얻떤고시 아프로 뭐로 바뀔까]
うん。書店だった所がこれから何に変わるのかな？

참 친절한 서점이었는데 섭섭하네.
[참 친저란서저미언는데 섭써파네]
とても親切な書店だったのに、残念だわ。

한가람: 저도 집 근처에 서점이 없는 것보다 있는 쪽이 편해요.
[저도 집끈처에 서저미 엄는걷뽀다 인는쪼기 펴내요]
僕も家の近くに書店がないほうよりはあったほうが楽です。

민지현: 집에도 좋은 책이 있고 도서관에서도 빌려 주잖아?
[지베도 조은채기 읻꼬 도서과네서도 빌려주자나]
家にもいい本があるし、図書館でも本を貸してくれるじゃない。

한가람: 우리 집에는 아직 어른이 아닌 저한테
[우리지베는 아직 어르니아닌저한테]
うちには、まだ大人ではない僕にとって

재미있는 책이 없어요.
[재미인는채기 업써요]
面白い本がありません。

민지현: 그럼 중학생인 너는 어떤 책이 읽고 싶은데?
[그럼 중학쌩인너는 어떤채기 일꼬시픈데]
では、中学生であるあなたはどんな本が読みたいわけ？

한가람: 독서와 공부가 필요 없는 삶에 관한 책이요.
[독써와 공부가 피료엄는살메 과난채기요]
読書と勉強のいらない人生に関する本です。

어구(語句)

역 앞 : 駅の前　　서점 : 書店　　없어지다 : なくなる　　앞으로 : これから
바뀌다 : 変わる　　친절하다 : 親切だ　　섭섭하다 : 残念だ
근처 : 近所、近い所　　～는 쪽 : ～である方、～する方　　편하다 : 楽だ
도서관 : 図書館　　빌려 주다 : 貸してくれる　　～잖아(요) : ～じゃない(ですか)
아직 : まだ　　어른 : おとな　　재미있다 : 面白い　　중학생 : 中学生
독서 : 読書　　필요 없다 : 必要ない　　삶 : 暮らし、人生　　～에 관한 ～ : ～に関する～

Point 1　形容詞の連体形

時制別	語幹別	連体形	原形	語幹＋連体形	用例
過去	母音	～던	싸다	싸＋던	싸던 생선 (安かった魚)
	ㄹ(리을)	～던	힘들다	힘드＋던	힘들던 날들 (大変だった日々)
	子音	～던	많다	많＋던	많던 돈 (多かったお金)
現在	母音	～ㄴ	싸다	싸＋ㄴ	싼 생선 (安い魚)
	ㄹ(脱落)	～ㄴ	힘들다	힘드＋ㄴ	힘든 날들 (大変な日々)
	子音	～은	많다	많＋은	많은 돈 (多いお金)
未来	母音	～ㄹ	싸다	싸＋ㄹ	쌀～*
	ㄹ(脱落)	～ㄹ	힘들다	힘드＋ㄹ	힘들～*
	子音	～을	많다	많＋을	많을～*

＊形容詞の未来連体形の後ろにはよく「推量」などの意味を持つ表現が付いて、「～だろうと思われる」と訳されることが多いです。
〈『韓国語総合中級』の第11・13・18・24課などを参照〉

Point 2　動詞と形容詞の連体形の比較

品詞	語幹	時制 過去回想	過去	現在	未来
動詞	母音 ㄹ(脱落) 子音	～던～ ～ㄹ던～ ～던～	～ㄴ～ ～ㄴ～ ～은～	～는～ ～는～ ～는～	～ㄹ～ ～ㄹ～ ～을～
形容詞	母音 ㄹ(脱落) 子音	ナシ	～던～ ～ㄹ던～ ～던～	～ㄴ～ ～ㄴ～ ～ㄴ～	～ㄹ～ ～ㄹ～ ～을～

Point 3　存在詞(있다, 없다)と指定詞(이다, 아니다)の連体形

品詞	原型	過去	現在	未来
存在詞	있다 없다	1. ～(었)던	2. ～는	3. ～을
指定詞	이다 아니다	4. ～(었)던	5. ～ㄴ	6. ～ㄹ

例 1. 학교 정문 앞에 있던 문방구점은 지금도 있지요?
　　(学校の正門の前にあった文房具屋は今もありますよね。)
2. 질문 있는 사람은 사양하지 말고 질문하세요.
　　(質問のある人は遠慮しないで質問してください。)
3. 한국에 유학 가면 어디 있을 생각이에요?
　　(韓国に留学したらどこに滞在するつもりですか。)
4. 선배였던 사람이 지금은 남편이에요.
　　(先輩だった人が今は夫です。)
5. 오늘이 생일인 사람은 손 들어 보세요.
　　(今日が誕生日の人は手を挙げてみてください。)
6. 이 얘기는 논픽션이 아닌 픽션일 거예요.
　　(この物語はノンフィクションではなくフィクションだと思います。)

연습(練習)

発音と意味を確認しながら読んでみましょう。

1. 좀 더 넓은 방은 없어요? (もう少し広い部屋はありませんか。)
2. 정년 퇴직 후에는 따뜻한 지방에서 살 예정입니다.
   (定年退職後は暖かい地方で暮らすつもりです。)
3. 왜 길던 머리를 짧게 깎았어? 애인이랑 헤어졌어?
   (どうして長かった髪を短く切ったの。恋人とわかれたの。)
4. 플루트의 가는 소리랑 베이스 클라리넷의 굵은 소리를 양쪽 다 좋아해.
   (フルートの細い音とバス・クラリネットの太い音の両方とも好きだよ。)
5. 여기 있던 한정식집하고 주유소도 없어졌네.
   (ここにあった韓定食屋とガソリンスタンドもなくなったね。)
6. 경제적인 여유가 없던 때도 있었지요.
   (経済的な余裕がなかった時もありましたね。)
7. 질문이 있는 분은 질문하십시오. (質問のある方は質問なさってください。)
8. 욕심이 없는 사람도 있겠지만, 그래도 대부분의 많은 사람들은…….
   (欲のない人もいるだろうけど、それでもほとんどの多くの人々は…)
9. 파충류인 악어는 알을 낳아요? 새끼를 낳아요?
   (爬虫類であるワニは卵を産みますか、それとも子を産みますか。)
10. 단체 여행이 아닌 관광객은 이쪽으로 오세요.
    (団体旅行ではない観光客はこちらへどうぞ。)

문제(問題)

「해요体」の文(〜아요/〜어요形)に直して、発音も書いてみましょう。

1. 今までは高かった値段が大分下がりましたね。
   (値段:값　大分:많이　下がる:내리다)
2. 寒かった冬ももう終わりですね。
   (寒い:춥다　冬:겨울　もう:이제　終わり:끝)
3. 誰かここにあった手帳見ませんでしたか。(誰か:누군가　手帳:수첩)
4. 日本のシンボルである富士山は高さが何メートルですか。
   (シンボル:심볼　富士山:후지산　高さ:높이　何メートル:몇 미터)
5. 個性のない人は誰もいませんよね。(個性:개성)

> 問題解答例

[発音のルールーのまとめ]

P.5　1. 한구거 바르미 아주 조아요
　　 2. 바께는 누니 마니 싸여써요
　　 3. 하라버지가 다끈 구두는 어디 이써
　　 4. 그 부부는 얼구리 달마써요
　　 5. 어제 일근 채근 여끄니가 절므니여써요

P.8　1. 한구거 바르믈 마니 연스파세요
　　 2. 버스 터미너른 늘 혼자패요
　　 3. 인천공항까지 어떠케 가면 돼요
　　 4. 으마푀 표를 예야캐도 괜찬태요
　　 5. 가치 해도지를 보러 가자고 부타칼까요

P.10　1. 설랄 아치메 열라카세요
　　　2. 입꾹 수소근 이쪼기에요
　　　3. 실래에는 신바를 벋꼬 드러가요
　　　4. 최근 일련 사이에 집깝씨 마니 올라써요
　　　5. 갑짜기 끋따바를 바다도 골란한데

P.12　1. 안녕하심니까
　　　2. 한국꽈 일보는 이운나라임니다
　　　3. 감만 비싸고 지른 조치 아나요
　　　4. 영니한 사람드른 생가기 함니저김니다
　　　5. 감냥을 해서 지그믄 무름만 아픔니다

P.13　1. 금녀네 쉰녀덜비 됨니다
　　　2. 다음녀기 서울려기에요

144

3. 볼리리 이써서 먼저 실례함니다
4. 그림녑써를 마니 사써요
5. 겨울련가가 한궁뉴하게 게기여써요

第1課

1. 1. 아이 2. 아오이 3. 아유 4. 야요이 5. 오야 6. 아야우이

第2課

2. 1. 우미 2. 야마 3. 하루 4. 아키 5. 하나
6. 소라 7. 스시 8. 오차 9. 피아노 10. 기타
11. 스즈키 12. 마쓰모토 13. 쓰시마 14. 이치카와
15. 하라주쿠 16. 나가타초

第3課

1. 1. 애 얘 에 예 와 왜 외
워 웨 위 의
2. ①아 ②애 ③야 ④얘 ⑤어 ⑥에 ⑦여 ⑧예
⑨오 ⑩와 ⑪왜 ⑫외 ⑬요
⑭우 ⑮워 ⑯웨 ⑰위 ⑱유
⑲으 ⑳의 ㉑이

2. 1. 의견 2. 의미 3. 의지 4. 주이 5. 호이 6. 회이 7. 무니
8. 모래가 히다 9. 의사에 의자 10. 아빠에 휴가 11. 화가에 얘기
12. 예고 13. 예매 14. 예보 15. 세게 16. 페지 17. 개페

第4課

1. 1. 미역 박 부억 닥
2. 뜯 손 겯 / 낟 낟 낟 / 빋 빋 빋
3. 톱 숩
4. 게산 의문 펴니점

5. 예정 강이 히망 6. 태풍에 눈 7. 교과서에 차례
8. 부모니메 으네 9. 세계에 부억 10. 장내에 계획

第5課

1. 저는 일본 사람입니다.[저는 일본싸라밈니다]
2. 친구도 한국 사람입니까?[친구도 한국싸라밈니까]
3. 휴일은 언제입니까?[휴이른 언제임니까]
4. 값은 얼마입니까?[갑쓴 얼마임니까]
5. 비상구는 어디입니까?[비상구는 어디임니까]

第6課

1. 여기가 화장실입니까?   네,그렇습니다. 화장실입니다.
   [여기가 화장시림니까   네 그럳씀니다 화장시림니다]
2. 이것이 책입니까?   아니요, 아닙니다. 수첩입니다.
   [이거시 채김니까   아니요 아닙니다 수처빔니다]
3. 그것도 교과서입니까?   교과서가 아닙니다.
   [그걷또 교과서임니까   교과서가 아닙니다]
4. 저 사람이 선생님입니까?   아니요, 선생님이 아닙니다.
   [저사라미 선생니밈니까   아니요 선생니미 아닙니다]
5. 오늘이 생일이 아닙니까?   네, 생일이 아닙니다. 모레입니다.
   [오느리 생이리 아님니까   네 생이리 아닙니다 모레임니다]

第7課

1. 1. 공구팔의 칠육오의 사삼이일
   [공구파레 칠류고에 사사미일]
2. 공일육의 삼사육의 육칠팔구
   [공일류게 삼사유게 육칠팔구]

2. 1. [이거 얼마임니까   만삼처노배궈님니다]
2. [실례지만 휴대폰 버노가 몓뼈님니까]

146

3. [일리사메 구사오에 팔칠류김니다]
4. [손니메 방버노는 십칠층에 천칠배기시비로임니다]
5. [국쩨저놔에 일보네 국까버노는 파리리고 한구근 파리임니다]

3. 1. 어제의 밤이 어젯밤입니다.
   [어제에 바미 어젣빠밈니다]
   2. 오늘은 이천○○년 ○/○월 ○/○일입니다.
   [오느른 이천○○년//련 ○/○월//뭘//뭴 ○/○이//리//미//기림니다]
   3. 제 생일은 ○○○○년 ○/○월 ○/○일입니다.
   [제생이른 ○○○○년//련 ○/○월//뭘//뭴 ○/○이//리//미//기림니다]

第8課

1. 1. 비상구는 어딥니까? [비상구는 어딤니까]
   2. 이건 내 휴대폰입니다. [이건 내휴대포님니다]
   3. 저건 누구 사전입니까? [저건 누구사저님니까]
   4. 이토 씨 게 아닙니까? [이토씨께 아님니까]
   5. 어느 게 선생님 열쇱니까? [어느게 선생님 열쐼니까]

2. 1. 저건 동생 안경이 아닙니까? 네, 동생 게 아닙니다. 내 겁니다.
   [저건 동생 안경이 아님니까 네 동생께 아님니다 내껌니다]
   2. 그건 뭡니까? 떡이 아닙니까?   아니요, 떡이 아닙니다.
   [그건 뭠니까 떠기 아님니까   아니요 떠기 아님니다]
   이건 한국 과잡니다.
   이건 한국꽈잠니다]
   3. 여긴 바닷갑니까?   아니요, 바닷가가 아닙니다. 호숫갑니다.
   [여긴 바닫깜니까   아니요 바닫까가 아님니다 호숟깜니다]

第9課

1. 아침에 뭘 먹습니까?   빵을 먹습니다.
   [아치메 뭘 먹씀니까   빵을 먹씀니다]

2. 오후에 어디 갑니까? 편의점에 갑니다.
[오후에 어디 감니까 펴니저메 감니다]

3. 몇 월 며칠에 옵니까? 시월 십 일에 옵니다.
[며둴 며치레 옴니까 시월 시비레 옴니다]

4. 일요일에 뭘 합니까? 한국 요리를 만듭니다.
[이료이레 뭘 함니까 한궁뇨리를 만듬니다]

5. 언제 전화를 겁니까? 밤에 전화를 겁니다.
[언제 저놔를 검니까? 바메 저놔를 검니다]

第10課

1. 1. 삽니다. 삽니까? 2. 좁아요. 좁아요? 3. 보아요. 보아요?
4. 깨요. 깨요? 5. 엽니다. 엽니까? 6. 비웁니다. 비웁니까?
7. 세워요. 세워요? 8. 모여요. 모여요? 9. 일해요. 일해요?
10. 공부해요. 공부해요?

2. 1. 여긴 서울이에요? [여긴 서우리에요]

2. 아침에 빵이랑 야채를 먹어요. [아치메 빵이랑 야채를 머거요]

3. 전 음악을 좋아해요. [전 으마글 조아해요]

4. 뭐랑 뭐가 맛있어요? [뭐랑 뭐가 마시써요]

5. 누구하고 얘기해요? [누구하고 얘기해요]

第11課

1. 외국인 친구가 한 명 있어요.
[외구긴 친구가 한명 이써요]

2. 하루는 스물 네/이십사 시간이에요.
[하루는 스물레/이십싸시가니에요]

3. 오전 여덟 시에 역을 출발해요.
[오전 여덜씨에 여글 출바래요]

4. 오후 세 시에 차를 마셔요.
[오후 세시에 차를 마셔요]

148

5. 밤 열두 시 반부터 아침 일곱 시까지 자요.
   [밤 열뚜시 반부터 아침 일곱씨까지 자요]
6. 언제부터 언제까지 휴가예요?
   [언제부터 언제까지 휴가에요]
7. 일월부터 삼월까지 방학이에요.
   [이뤌부터 사뭘까지 방하기에요]
8. 은행에서 우체국까지 오 분 걸려요.
   [으냉에서 우체국까지 오분 걸려요]
9. 도쿄에서 오사카까지 몇 시간쯤 걸려요?
   [도쿄에서 오사카까지 멷씨간쯤 걸려요]
10. 매일 집에서 공원까지 뛰어요.
    [매일 지베서 공원까지 뛰어요]

第12課

1. 시월 십칠일은 무슨 요일이에요?
   [시월 십치리른 무슨뇨이리에요]
2. 이거 얼마예요?   만육천 원이에요.
   [이거 얼마에요   만뉵처눠니에요]
3. 공항까지는 누가 같이 가요?
   [공항까지는 누가 가치 가요]
4. 여기서 일본 대사관까지 어떻게 가요?
   [여기서 일본대사관까지 어떠케 가요]
5. 왜 모레부터 수요일까지 회사를 쉬어요?
   [왜 모레부터 수요일까지 회사를 쉬어요]
6. 술은 안 마셔요. 담배도 피우지 않아요.
   [수른 안마셔요 담배도 피우지아나요]
7. 금요일하고 토요일은 공부 안 해요?
   [그묘이라고 토요이른 공부 아내요]

8. 일요일은 아무도 안 만나요. 그리고 아무데도 안 가요.
   [이료이른 아무도 안만나요 그리고 아무데도 안가요]
9. 그 김치는 맛있어요?   아니요, 맛이 없어요.
   [그김치는 마시써요?   아니요 마시 업써요]
10. 지금은 아무것도 안 해요.   왜 아무것도 안 해요?
    [지그믄 아무걷도 아내요   왜 아무걷도 아내요]

第13課

1. 일본에서도 한국 드라마의 인기가 높아요?
   [일보네서도 한국뜨라마에 인끼가 노파요]
2. 이 가방은 얼마예요?   십이만오천 원이에요.
   [이가방은 얼마에요   시비마노처눠니에요]
3. 매일 아침 사과 한 개하고 우유 한 컵을 마셔요.
   [매이라침 사과 한개하고 우유 한커블 마셔요]
4. 경주에도 한번 가 보세요.
   [경주에도 한번 가보세요]
5. 한국말 문장도 많이 읽어 보세요.
   [한궁말 문장도 마니 일거보세요]

第14課.

1. 1. 좁아요 2. 고와요 3. 수줍어요 4. 도와요 5. 고와요
   6. 더워요 7. 추워요 8. 매워요 9. 아름다워요

2. 1. 길이 좁아요?   아니요, 안 좁아요.
      [기리 조바요   아니요 안조바요]
   2. 고기를 좀 더 구워요?   네, 좀 더 구워요.
      [고기를 좀더 구워요   네 좀더 구워요]
   3. 학교 연구실에서 선생님을 도와요.
      [학꾜 연구시레서 선생니믈 도와요]
   4. 여권하고 지갑, 서랍 속에 넣어 둔다.
      [여꿔나고 지갑 서랍쏘게 너어둔다]

5. 사람들이 서점에서 시집을 한 권씩 사 간다.
[사람드리 서저메서 시지블 한권씩 사간다]

第15課

1. 누구한테(서) 책을 빌려요?
[누구한테(서) 채글 빌려요]
2. 선생님한테(서) 빌렸어요.
[선생님한테(서) 빌려써요]
3. 어느 분에게 선물을 보내요?
[어느분에게 선무를 보내요]
4. 남편에게 보내요.
[남펴네게 보내요]
5. 어제는 비가 많이 왔어요.
[어제는 비가 마니 와써요]
6. 자동판매기에 돈을 넣었어요?
[자동판매기에 도늘 너어써요]
7. 사장님한테 전화를 걸었어요?
[사장니만테 저놔를 거러써요]
8. 남자 친구한테(서) 꽃을 받았어요.
[남자 친구한테(서) 꼬츨 바다써요]
9. 우리(의) 비밀을 얘기했어요?
[우리(의) 비미를 얘기해써요]
10. 아무한테도 얘기 안 했어요.
[아무한테도 얘기 아내써요]

第16課

1. 한국에서는 숟가락으로 밥을 먹어요?
[한구게서는 숟까라그로 바블 머거요]

2. 이 메일로 편지를 보냈어요.
   [이메일로 편지를 보내써요]
3. 전화로 주소를 물어봤어요.
   [저놔로 주소를 무러봐써요]
4. 빗속을 혼자(서) 걸었어요.
   [빋쏘글 혼자(서) 거러써요]
5. 보통 음악은 무엇으로 들어요?
   [보통 으마근 무어스로 드러요]

第17課

1. 연세가 어떻게 되세요? 〈このまま覚えましょう〉
   [연세가 어떠케 되세요]
2. 댁은 어디세요?
   [대근 어디세요]
3. 좀 더 드세요.   많이 먹었어요.
   [좀더 드세요   마니 머거써요]
4. 어디까지 가세요?   국립박물관까지 부탁해요.
   [어디까지 가세요   궁닙빵물관까지 부타캐요]
5. 선생님 주소를 아세요?
   [선생님 주소를 아세요]

第18課

1. 다시 한 번 천천히 말씀해 주세요.
   [다시한번 천처니 말쓰매 주세요]
2. 다음 다음 역에서 갈아타세요.
   [다음다음녀게서 가라타세요]
3. 여기 맥주 한 병 더 주세요.
   [여기 맥쭈 한병 더 주세요]
4. 잔디에 들어가지 마세요.
   [잔디에 드러가지 마세요]

152

5. 지하철 안에서는 휴대폰으로 전화하지 마세요.
[지하처라네서는 휴대포느로 저놔하지마세요]

第19課

1. 이 구두 저한테는 좀 커요.
[이구두 저한테는 좀 커요]
2. 배가 안 고파요?
[배가 안고파요]
3. 비자를 받으러 영사관에 가요.
[비자를 바드러 영사과네 가요]
4. 내가 창쪽에 앉을까요?
[내가 창쪼게 안즐까요]
5. 내일은 어디를 구경하러 갈까요?
[내이른 어디를 구경하러 갈까요]

第20課

1. 어떤 영화를 보겠어요?
[어떤녕화를 보게써요]
2. 나는 햄버거하고 콜라로 하겠어요.
[나는 햄버거하고 콜라로 하게써요]
3. 할아버지는 동물보다 식물을 좋아하세요.
[하라버지는 동물보다 싱무를 조아하세요]
4. 이 선생님보다도 정 선생님을 만나러 갈까요?
[이선생님보다도 정선생님을 만나러 갈까요]
5. 겨울 등산은 추위를 견디는 것이 힘들어요.
[겨울등사는 추위를 견디는 거시 힘드러요]
6. 비가 와요. 택시를 탈까요?
[비가 와요 택씨를 탈까요]

第21課

1. 미안하지만, 길을 좀 가르쳐 주시겠어요?
   [미아나지만 기를 좀 가르쳐주시게써요]
2. 졸업 후에는 한국에 유학하고 싶어요.
   [조러푸에는 한구게 유하카고시퍼요]
3. 남동생은 의사가 되고 싶어해요.
   [남동생은 의사가 되고시퍼해요]
4. 여동생은 매일 밤 한국 드라마를 보고 싶어해요.
   [여동생은 매일빰 한국뜨라마를 보고시퍼해요]
5. 일요일에는 청소도 하고 음악도 들어요.
   [이료이레는 청소도 하고 으막또 드러요]
6. 한국에도 춘하추동이 있지요.
   [한구게도 추나추동이 읻찌요]
7. 민속촌은 서울에서 가깝지요?
   [민속초는 서우레서 가깝찌요]

第22課

1. 한여름에도 아침하고 저녁은 선선하네요.
   [한녀르메도 아치마고 저녀근 선서나네요]
2. 산 속에서 학처럼 살고 싶어요.
   [산쏘게서 학처럼 살고시퍼요]
3. 약속을 못 지켰어요. 미안해요.
   [약쏘글 몯찌켜써요 미아내요]
4. 저는 시장에서도 값을 못 깎아요.
   [저는 시장에서도 갑쓸 몯까요]
5. 어머니만큼 요리를 잘하지 못해요.
   [어머니만큼 요리를 자라지모태요]

154

第23課

1. 값을 좀 더 싸게 해 주세요.
   [갑쓸 좀더 싸게 해주세요]
2. 이거 예쁘게 포장해 주세요.
   [이거 예쁘게 포장해주세요]
3. 내일은 어디를 안내해 드릴까요?
   [내이른 어디를 안내해드릴까요]
4. 이 여행자 수표를 현금으로 바꿔 주세요.
   [이 여행자수표를 현그므로 바꿔주세요]
5. 지하철도 한번 타 보고 싶어요.
   [지하철도 한번 타보고시퍼요]

第24課

1. 그 학생은 각 과의 〈회화〉를 전부 암기해 버려요.
   [그학쌩은 각꽈에 〈회화〉를 전부 암기해버려요]
2. 이 책은 어젯밤에 끝까지 다 읽어 버렸어요.
   [이채근 어젣빠메 끋까지 다 일거버려써요]
3. 발음은 쉬워지고 문법이 어려워졌어요.
   [바르믄 쉬워지고 문뻐비 어려워져써요]
4. 출생률은 낮아지고 평균 수명은 높아졌어요.
   [출쌩뉴른 나자지고 평균수명은 노파져써요]
5. 한국 배우 중에서 누구를 좋아하세요?
   [한국빼우중에서 누구를 조아하세요]
6. 어떤 음식을 좋아하시고 어떤 음식을 싫어하세요?
   [어떠늠시글 조아하시고 어떠늠시글 시러하세요]

第25課

1. 옛날 같이 놀던 친구들하고 지금도 만나요?
   [옏날 가치 놀던친구드라고 지금도 만나요]

155

2. 어제 전화로 방을 예약한 스즈키예요.
   [어제 전화로 방을 예야칸스즈키에요]
3. 외국인보다 한국 사람들이 잘 가는 가게를 소개해 주세요.
   [외구긴보다 한국싸람드리 잘가는가게를 소개해주세요]
4. 제일 좋아하는 스포츠는 뭐예요?
   [제일 조아하는스포츠는 뭐에요]
5. 서울 시내를 관광하실 분은 이쪽으로 오세요.
   [서울시내를 관광하실뿐는 이쪼그로 오세요]

第26課

1. 지금까지는 비싸던 값이 많이 내려갔네요.
   [지금까지는 비싸던갑씨 마니 내려간네요]
2. 춥던 겨울도 이제 끝이네요.
   [춥떤겨울도 이제 끄치네요]
3. 누군가 여기 있던 수첩 못 봤어요?
   [누군가 여기 읻떤수첩 몯빠써요]
4. 일본의 심볼인 후지산은 높이가 몇 미터예요?
   [일보네 심보린후지사는 노피가 면미터에요]
5. 개성이 없는 사람은 아무도 없지요?
   [개성이 엄는사람은 아무도 업찌요]

練習解答例

第5課

1.
1. 친구는 기자입니다.
2. 아버지는 은행원입니다.
3. 어머니는 주부입니다.
4. 형은 회사원입니다.
5. 동생은 대학생입니다.
6. 선생님은 교수입니다.

2.
1. 김수원 씨도 한국 사람입니다.
2. 첸보 씨도 중국 사람입니다.
3. 스미스 씨도 미국 사람입니다.
4. 슈미트 씨도 독일 사람입니다.

3.
1. 아버지는 회사원입니다. 어머니도 회사원입니까?
2. 사과는 과일입니다. 수박도 과일입니까?
3. 김수원 씨는 한국 사람입니다. 장인덕 씨도 한국 사람입니까?
4. 편의점은 이쪽입니다. 우체국도 이쪽입니까?

第6課

2.
1. 회사가 어디입니까? 도쿄입니다.
2. 오빠가 누구입니까? 저 사람입니다.
3. 생일이 언제입니까? 오늘입니다.
4. 이것이 무엇입니까? 사전입니다.

3.
1. 아버지가 의사입니까?
   네, 그렇습니다. 의사입니다.
   아니요, 의사가 아닙니다. 기자입니다.
2. 친구가 일본 사람입니까?

네, 그렇습니다. 일본 사람입니다.
　　　아니요, 일본 사람이 아닙니다. 한국 사람입니다.
　3. 여기가 남대문입니까?
　　　네, 그렇습니다. 남대문입니다.
　　　아니요, 남대문이 아닙니다. 동대문입니다.
　4. 생일이 오늘입니까?
　　　네, 그렇습니다. 오늘입니다.
　　　아니요, 오늘이 아닙니다. 내일입니다.
　5. 이것이 잡지입니까?
　　　네, 그렇습니다. 잡지입니다.
　　　아니요, 잡지가 아닙니다. 책입니다.
　6. 그것이 우산입니까?
　　　네, 그렇습니다. 우산입니다.
　　　아니요, 우산이 아닙니다. 양산입니다.

第9課

1.
1. 일기를 씁니까?　　　네, 일기를 씁니다.
2. 영화를 봅니까?　　　네, 영화를 봅니다.
3. 공부를 합니까?　　　네, 공부를 합니다.
4. 음악을 듣습니까?　　네, 음악을 듣습니다.
5. 사과를 먹습니까?　　네, 사과를 먹습니다.
6. 사진을 찍습니까?　　네, 사진을 찍습니다.
7. 소설을 읽습니까?　　네, 소설을 읽습니다.
8. 전화를 겁니까?　　　네, 전화를 겁니다.
9. 이름을 압니까?　　　네, 이름을 압니다.
10. 창문을 엽니까?　　　네, 창문을 엽니다.

2.
1. 언제 만납니까?　　　오후에 만납니다.
2. 며칠에 옵니까?　　　8일에 옵니다.

3. 어디(에)있습니까?   여기(에)있습니다.
4. 몇 월에 떠납니까?   6월에 떠납니다.

第10課

1. 1. ① 누나와 남동생/남동생과 누나
　　② 누나랑 남동생/남동생이랑 누나
　　③누나하고 남동생/남동생하고 누나
2. ① 언니와 여동생/여동생과 언니
　　② 언니랑 여동생/여동생이랑 언니
　　③언니하고 여동생/여동생하고 언니
3. ① 친구와 애인/애인과 친구
　　② 친구랑 애인/애인이랑 친구
　　③친구하고 애인/애인하고 친구

2. 1. 외국에 가요.
2. 주소를 알아요.
3. 언제 와요?
4. 무게를 재요.
5. 담배를 피워요.
6. 커피를 마셔요.
7. 무엇을 구경해요?
8. 호텔은 여기예요.
9. 취미는 여행이에요.
10. 휴일이 아니에요.

단어색인(韓日)

＊数字は課数を表します。

ㄱ

한국어	일본어	課
～가	～が	6
～가	～のほとり	7
가게	店	22
가깝다	近い	16
가끔씩	たまに	24
가늘다	細い	26
가다	行く	10
～가 되다	～になる	21
가르치다	教える	16
가방	カバン	13
가수	歌手	21
～가 아니다	～ではない	9
가족	家族	13
각～	各～	24
간단히	簡単に	15
갈아타다	乗り換える	18
갑자기	急に	23
값	値段	5
값을 깎다	値切る	22
같이	一緒に、ともに	22
～같이	～のように	12
개	犬	13
～개	～個	11
개성	個性	26
개찰구	改札口	20
거기	そこ	8
거의	ほとんど	25
걱정	心配	22
건강하다	元気だ	24
건강하시다	お元気だ	21
걷다	歩く	9
걸다	かける	9
걸리다	かかる	11
～ㅂ니까?	～のですか。	8
～ㅂ니다.	～のです。	8
것	(も)の	8
게	(も)のが	8
게임	ゲーム	21
겨울	冬	20
견디다	耐える	20
경기	景気	25
경제적	経済的	26
경주	慶州〈地名〉	9
경찰	警察	16
곁	そば、傍ら	23
계시다	いらっしゃる	17
고개	峠	7
고갯길	峠の道	7
고기	肉	20
고등학교	高等学校	13
고맙다	ありがたい	14
～고 싶다	したい	21
～고 싶어하다	したがる	21
고양이	ネコ	15
고향	故郷	9
곱다	きれいだ	14
곱다	かじかむ	14
곳	所	8
공	ゼロ	7
공부	勉強	9
공부하다	勉強する	10
공원	公園	9
공중전화	公衆電話	17
공항	空港	11
～과	～と	10
～과	～課	24
과일	果物	5
과자	お菓子	8
과학	科学	24
관광객	観光客	23
관광하다	観光する	25
관심	関心	22
괜찮다	構わない	15
교과서	教科書	6
교수	教授	5
구	9	7

160

구경하다	見物する	10
구두	靴	19
구름	雲	14
국가	国家	7
국립	国立	17
국제	国際	7
국제 전화	国際電話	21
국화	国の花	21
국회	国会	14
굵다	太い	26
굽다	焼く	14
~권	~冊	14
귀	耳	7
귀엽다	かわいい	14
귓병	耳の病	7
귤	みかん	5
그것	それ	6
그다지	それほど	12
그래도	それでも	20
그래서	それで	10
그래서 그런지	そのせいか、そうだからなのか	24
그러니까	(そう)だから	23
그런데	ところで	12
그럼	それでは	19
그렇게	そのように	17
그렇다	そうだ	6
그렇지만	けれども、(そう)だけど	14
그리다	描く	21
그리워하다	懐かしがる	24
그림	絵	21
그립다	懐かしい	25
근처	近所	26
글피	しあさって	11
금방	すぐ	24
금요일	金曜日	12
기대하다	期待する	22
기뻐하다	嬉しがる	24
기쁘다	嬉しい	19
기숙사	寮, 寄宿舎	10
기온	気温	25
기자	記者	5
길	道	7
길다	長い	17
김	海苔	13
김치	キムチ	12
깁다	つくろう	14
~까지	~まで	11
깎다	刈る	19
깎다	剥く	23
깨다	覚める	10
깨닫다	気づく	16
깨우다	起こす, 目を覚ませる	23
~께	~(目上の人)に	17
~께서	~(目上の人)が	17
~께서는	~(目上の人)は	17
~께서도	~(目上の人)も	17
꽃	花	15
꽤	かなり、相当	18
끊기다	切られる、絶たれる	24
끝	終わり	26
끝까지	最後まで	24
끝나다	終わる	16

ㄴ

나가다	出ていく, 出かける	21
나리타	成田	11
나머지	残り	24
나무	木	7
나뭇잎	木の葉	7
나오다	出てくる, 出る	11
나이	歳	17
난	わたしは、僕は	9
날	日	25
날다	飛ぶ	14
날씨	天気	24
남다	残る	10
남대문	南大門	6
남동생	弟	5
남자	男子、男(の人)	15
남자 친구	ボーイフレンド	15
남편	夫	15

낫다	ましだ, よい	25
낮	昼	23
낮다	低い	24
내~	わたしの~、僕の~	8
내년	来年	13
내다	出す	10
내리다	下がる	26
내일	あした	6
냉면	冷麺	20
넌	君は	20
넓다	広い	26
넘다	超える	25
넣다	入れる	15
넣어 두다	入れて置く	14
네	はい	5
네~	四つの~	17
~네	~の家族/~の家	11
넷	四つ	11
넷이(서)	四人で	21
~년	~年	7
노래	歌	21
노후	老後	21
논픽션	ノンフィクション	26
놀다	遊ぶ	9
높다	高い	13
높이	高さ	14
놓다	置く	13
누가	誰が	12
누구	誰	6
누군가	誰か	26
누나	姉、お姉さん	5
눈	雪	14
눕다	横たわる	14
느끼다	感じる	24
~는	~は	5
~는 것이다	~するのだ、~するわけだ	24
~는 쪽	~である方、~する方	26
늘	いつも	21
늦게	遅く	21

ㄷ

다	全部、皆	24
다되다	(全て)終わる	16
다녀오다	行ってくる	15
다들	皆	21
다섯	五つ	11
다시 한 번	もう一度	7
다음~	次の~	18
다음날	次の日、翌日	24
닦다	磨く	21
단독 주택	一戸建て	13
단어	単語	24
단체	団体	26
닫다	閉める、閉じる	16
달걀	玉子	6
달리다	走る	14
닭	鶏	6
닭고기	鶏肉	24
담배	タバコ	10
당분간	当分の間	18
대다	出す、援助する	23
대부분	ほとんど	26
대사관	大使館	12
대입검정시험	大学入学検定試験	22
대하다	相手にする、接する	23
대학생	大学生	5
대학원	大学院	25
댁	ご自宅	17
더	もっと	20
더워하다	暑がる	24
덥다	暑い	14
~도	~も	5
~도	~度	25
도서관	図書館	19
도전자	挑戦者	20
도쿄	東京	6
독서	読書	26
독일	ドイツ	5
돈	お金	15
돌아가시다	お亡くなりになる	17

돕다	助ける、手伝う	14
동대문	東大門	6
동물	動物	20
동생	弟、妹	5
~동안	~の間	25
동지	冬至	24
동쪽	東、東側	21
동화	童話	25
돼지고기	豚肉	24
되다	なる	10
두~	二つの~	11
두다	置く	13
둘	二つ	11
둘이(서)	二人で	10
뒤	後、後ろ	7
뒷날	後日、将来	7
드라마	ドラマ	13
드시다	召し上がる	17
듣다	聞く	9
~들	~たち、~ら	14
들다	持つ、持ち上げる	19
들다	挙げる、持ち上げる	26
들리다	聞こえる	23
들어가다	入る、入って行く	18
등산	登山	20
따뜻하다	温かい	20
때	時、~の時	8
~때문에	~のために	21
때우다	済ませる	15
떠나다	発つ	9
떡	お餅	8
또	また	19
뛰다	走る	11

ㄹ

~ㄹ게.	~するから。	23
~라도	~でも	23
~랑	~と	10
~러	~しに	19
~로	~で	16
~를	~を	9

~를 싫어하다	~が嫌だ	20
~를 좋아하다	~が好きだ	10
리무진 버스	リムジンバス	20

ㅁ

~마리	~匹	13
마시다	飲む	10
마음에 들다	気に入る	19
마치	まるで	22
마흔	四十	11
막걸리	マッコリ	23
만	万	7
~만	~だけ	18
만나다	会う	9
만남	出会い	6
만들다	作る	9
만화	漫画	25
많다	多い	22
많이	沢山	9
말	話	17
말씀	お話し	17
말씀드리다	申し上げる	17
말씀하시다	おっしゃる	17
말하다	話す、言う	10
맛이 있다	美味しい	12
맛있다	美味しい	10
맞다	会う	19
매년	毎年	13
매일	毎日	11
매표소	切符売り場	13
맵다	辛い	14
머리	髪(の毛)、頭	17
먹다	食べる	9
멀다	遠い	11
며칠	何日	9
~면	~れば	24
면세점	免税店	7
~명	~名	11
몇~	何~	7
몇 월	何月	9
모두	全て、皆	15

모레	あさって	6
모르다	知らない、分からない	8
모이다	集まる	10
목	喉、首	18
목요일	木曜日	12
목욕(을) 하다	風呂に入る	18
몸	体	24
무궁화	ムクゲ	21
무리하다	無理する	18
무슨 ~	何の~	12
무엇	何	6
무엇을	何を	12
문방구점	文房具屋	26
문법	文法	14
문자	文字	15
문장	文章	13
문화	文化	6
묻다	尋ねる	16
물	水	7
물건	物、品物	22
물냉면	水冷麺	23
물어보다	尋ねてみる	16
뭐	なに	25
뭘	何を	9
미국	アメリカ、米国	5
미리	あらかじめ	13
미안하다	すまない	21
미워하다	憎む	24
미터	メートル	26
민속촌	民俗村	21
믿다	信じる	16
밀다	押す	17
밉다	憎い	24

ㅂ

바꾸다	変える	23
바뀌다	変わる	26
바다	海	7
바닷가	海辺	7
바람	風	21
바쁘다	忙しい	19

~박~일	~泊~日	24
박물관	博物館	17
밖	外	14
반	半(30分)	11
반	半分	24
반갑다	嬉しい	5
반복하다	繰り返す	13
받다	もらう、受ける	15
발달	発達	24
발음	発音	14
발표	発表	11
밤	夜	7
밤	栗	23
밥	ご飯、飯	14
방	部屋	7
방학	(学校の長期)休み	11
배	梨	5
배우	俳優	24
배우다	習う、学ぶ	10
백	百	7
백화점	デパート	19
버스	バス〈bus〉	5
버터	バター	16
~번	~回、~度	11
~번	~番	13
번호	番号	13
벌금	罰金	25
벌려 보다	広げ(てみ)る	18
벌써	もう、既に	24
벗다	脱ぐ	17
벚꽃	桜(の花)	23
베이스	バス〈bass〉	26
변하다	変わる	23
별로	あまり、それ程	22
병	病気	13
~병	~本	7
병환	ご病気	17
보내다	送る	15
보다	見る、観る	9
~보다	~より	20
~보다는	~よりは	20
~보다도	~よりも	20

보통	普通	16
볼링	ボーリング	19
볼펜	ボールペン	16
봄	春	20
뵙다	お目にかかる	21
부모	親、両親	6
부모님	両親、ご両親	14
부부	夫婦	21
부산	釜山〈地名〉	13
부탁하다	お願いする、頼む	17
～부터	～から	11
분	方〈かた〉	23
～분	～分	11
～분	～名様	13
불고기	プルコギ	13
불다	吹く	21
불안하다	不安だ	24
불안해하다	不安がる	24
비	雨	15
비교적	比較的	14
비밀	秘密	15
비빔밥	ビビンバ	25
비상구	非常口	5
비용	費用	23
비우다	空ける	10
비자	ビザ	10
비행기	飛行機	14
비행기 표(항공권)	航空券	22
빌려 주다	貸してくれる	26
빌리다	貸す、借りる	15
빗	くし	17
빗다	髪をとかす	17
빗물	雨水	7
빗속	雨の中	16
빛	光	7
빨리	速く、早く	14
빵	パン	9

ㅅ

사	4	7
사 가다	買っていく	14
사과	リンゴ	5
사람	人、～人	5
사랑	愛、恋	6
사양하다	遠慮する	26
사장(님)	社長(さん)	15
사전	辞書	6
사진	写真	9
삭풍	北風	20
～살	～歳	13
살다	住む、暮らす、生きる	10
삶	人生、暮らし	6
삼	3	7
상냥하다	優しい	23
새	鳥	13
새 ～	新しい～	21
새로운 ～	新しい～	6
새롭다	新しい	24
생각	考え、思い	26
생각하다	考える、思う	23
생맥주	生ビール	13
생선	魚	20
생신	お誕生日	17
생일	誕生日	6
생활	生活	24
서다	立つ	10
서두르다	急ぐ	24
서랍	引き出し	14
서른	三十	11
서울	ソウル〈地名〉	6
서울대공원	ソウル大公園	16
서점	書店	14
서쪽	西、西側	21
선물	お土産、プレゼント	8
선배	先輩	26
선생님	先生	5
선선하다	涼しい	22
선수	選手	20
섭섭하다	残念だ	26
성적	成績	22
성함	お名前	17
세 ～	三つの～	11

세계	世界	6	시	詩	23
세다	強い	10	~시	~時	11
~세요.	~てください。	13	시간	時間	21
세우다	建てる	10	시계	時計	8
세탁	洗濯	21	시골	田舎	21
센다이	仙台	16	시내	市内	7
셋	三つ	11	시냇물	小川	7
소개하다	紹介する	25	시원하다	涼しい	21
소리	音、声	26	시월	四月	7
소풍	遠足	16	시장	市場	13
속	中	14	시집	詩集	14
손	手	19	시험	試験	22
손님	お客さん	7	시험을 못 보다	(試験で)よい成績を収める ことが出来ない	22
솔	ブラシ	7
솔직하다	率直だ	23	식물	植物	20
쇠고기	牛肉	24	식사	食事	16
수고	苦労	15	신다	履く	21
수도	首都	6	신림동	新林洞〈地名〉	10
수명	寿命	24	신촌	新村〈地名〉	6
수박	スイカ	5	신칸센	新幹線	14
수업	授業	12	싣다	載せる、積む	16
수요일	水曜日	12	실례지만	失礼ですが	7
수입	収入	25	싫다	嫌だ	24
수줍다	恥ずかしい	14	싫어하다	嫌う、嫌がる	24
수첩	手帳	6	심볼	シンボル	26
수학 여행	修学旅行	11	십	10	7
숙박	宿泊	16	싸다	安い	22
숙제	宿題	12	쓰다	書く	9
숟가락	スプーン	16	쓸쓸하다	寂しい	24
술	お酒	12	쓸쓸해하다	寂しがる	24
쉬다	休む	12	~ 씨	~さん	5
쉰	五十	11	~씩	~ずつ	14
쉽다	易しい、簡単だ	14	씻다	洗う	19
슈퍼	スーパー	13
스무~	二十の~	11
스물	二十	11

ㅇ

스트레스	ストレス	19	아기	赤ちゃん、赤ん坊	14
스포츠	スポーツ	25	아니	いや	15
슬퍼하다	悲しがる、悲しむ	24	아니요.	いいえ。	6
슬프다	悲しい	19	아르바이트	アルバイト	12
슬픔	悲しさ	20	아름답다	美しい	14
			아무것도	何も	12

아무데도	どこにも	12
아무도	誰も	12
아버지	父、お父さん	15
아주	とても、非常に	21
아직	まだ	14
아직 멀었다	まだまだだ	14
아침	朝	10
아파트	マンション、アパート	13
아파하다	痛がる	24
아프다	痛い	24
아홉	九つ	11
아흔	九十	11
악어	ワニ	26
안경	メガネ	8
안내하다	案内する	23
안녕하십니까?	こんにちは。	5
안다	抱く	23
앉다	座る	13
알	卵	6
알겠습니다.	分かりました。	18
알다	知る、分かる	9
알바	バイト	12
알약	錠剤	18
암기하다	暗記する	24
앞	前	26
앞으로	これから、前へ	14
애들	子供たち	19
애인	恋人	10
야채	野菜	10
약	薬	18
약속하다	約束する	12
양산	日傘	6
양쪽	両方	26
얘기	話	23
얘기하다	話す、言う	10
어느~	どの~	8
어느 분	どなた	15
어둡다	暗い	14
어디	どこ	5
어디서	どこで	12
어때?	どう?	19
어떤~	どんな~	20
어떻게	どのように、どういうふうに	12
어렵다	難しい	14
어른	大人	14
어리다	幼い	25
어린이	子供	23
어머니	母、お母さん	5
어제	昨日	7
어젯밤	昨夜	24
억	億	7
언제	いつ	5
언젠가	いつか	21
얼마	いくら	5
얼마쯤	いくらぐらい	11
엄마	ママ	15
업다	おぶう	14
없다	いない、ない	9
없어지다	いなくなる、なくなる	24
~에 관한~	~に関する~	26
~에게	~に、~から	15
~에게서	~から	15
~에서	~から	11
여관	旅館	5
여권	パスポート	8
여기	ここ	6
여덟	八つ	11
여동생	妹	10
여든	八十	11
여러 가지	色々(な~)	14
여러분	皆さん	24
여름	夏	20
여보세요.	もしもし。	17
여섯	六つ	11
여유	余裕	26
여자	女子、女(の人)	20
여행	旅行	6
여행자 수표	旅行者小切手	23
역	駅	16
역사	歴史	6
역시	やはり	14

167

연구실	研究室	14	요즘	最近、この頃	12
연극	演劇	20	욕심	欲	26
연락	連絡	16	우리	我々	6
연락처	連絡先	21	우산	傘	6
연락하다	連絡する	12	우선	とりあえず、まず	16
연세	お歳	17	우유	牛乳	13
연필	鉛筆	16	우정	友情	6
열	十	11	우체국	郵便局	5
열	熱	18	울다	泣く	23
열다	開ける	9	~원	~ウォン	7
열쇠	カギ	8	~월	~月	7
열심히	一生懸命、熱心に	20	위	上	14
영	0、ゼロ	7	유월	6月	7
영사관	領事館	19	유학	留学	21
영어	英語	16	육	6	7
영화	映画	9	~으러	~しに	19
예쁘다	きれいだ	23	~으로	~で	16
예순	六十	11	~으면	~れば	24
예약하다	予約する	12	~으세요.	~てください。	13
예정	予定	25	으음	ウム	12
옛날	昔	25	은행	銀行	19
오	5	7	은행원	銀行員	5
오늘	今日	5	~을	~を	9
오다	来る	9	~을 싫어하다	~が嫌だ	20
오래간만에	久しぶりに	19	~을 좋아하다	~が好きだ	20
오사카	大阪	11	~을게.	~するから。	23
오전	午前	11	음식	食べ物、料理、飲食	24
오후	午後	11	음악	音楽	9
오히려	むしろ	24	~의	~の	6
온돌방	オンドル部屋	21	의사	医者	6
올해	今年	13	의욕	意欲	24
~와	~と	10	의원	議員	14
왜	なぜ、どうして	12	의장	議長	6
외국	外国	10	이	2	7
외국인	外国人	11	이	歯	7
외로움	寂しさ	24	이~	この~	8
외롭다	寂しい	24	~이	~が	6
외우다	覚える	24	~이 되다	~になる	21
외출하다	外出する	21	이 메일	Eメール	16
요금	料金	11	~이 아니다	~ではない	9
요리	料理	22	이것	これ	6

이기다	勝つ	20
~이다	~だ	9
이따가	後で	20
~이라도	~でも	23
~이랑	~と	10
이름	名前	9
이발소	床屋	19
이웃	隣人、隣(近所)	6
이제	もう	24
이젠	いまや	24
이쪽	こちら(側)	5
이쪽으로	こちらへ	18
인기	人気	13
~인분	~人分	13
인삼차	高麗人参茶	8
인정	人情	22
인천	仁川〈地名〉	6
일	1	7
~일	~日	7
일곱	七つ	11
일기	日記	9
일본	日本	5
일본말	日本語	15
일식	和食	19
일어나다	起きる	10
일요일	日曜日	9
일주일	一週間	21
일찍	早く	10
일하다	働く、仕事をする	10
일한사전	日韓辞典	12
일흔	七十	11
읽다	読む	12
입	口	18
입다	着る	14
입어 보다	着てみる	19
입장권	入場券	13
잇몸	歯茎	7
있다	いる、ある	9
잊어버리다	忘れてしまう	24
잎	葉	7

ㅈ

자다	寝る	11
자동판매기	自動販売機	15
자신	自信	16
자정	零時、夜の12時	11
작년	去年、昨年	25
작다	小さい	9
~잔	~杯	13
잔디	芝生	18
잖아(요).	~じゃない(ですか)。	26
잘	よく	14
잘하다	上手だ	22
잡다	掴む	14
잡수시다	召し上がる	17
잡지	雑誌	6
~장	~枚	13
장마	梅雨	21
재다	計る	10
재미있다	面白い	22
저	わたし、私	5
저 ~	あの~	5
저기	あそこ	8
저쪽	あちら(側)	21
적다	少ない	10
전	前	11
전부	全部、全て	24
전철	電車	16
전화	電話	9
전화하다	電話する	12
점심	昼食、昼	11
점심 시간	昼休み	11
점차	だんだん、次第に	24
젓가락	お箸	16
정각	定刻、丁度	11
정년	定年	20
정말	本当(に)	14
정문	正門	26
정오	正午	11
제 ~	わたしの~、私の~	8
제가	わたしが、私が	23

제일	一番, 最も	20
조	兆	7
조금	少し	18
조금씩	少しずつ	24
조용하다	静かだ	23
조용히	静かに	18
졸다	居眠りをする	14
졸업	卒業	21
좀	ちょっと	10
좀 더	もう少し	14
좁다	狭い	10
좋다	いい	24
좋아하다	好きだ, 好む	24
좌석	座席	13
주다	あげる	16
주로	主に	17
주말	週末	9
주무시다	お休みになる	17
주부	主婦	5
주소	住所	10
주스	ジュース	15
주어지다	与えられる	24
주유소	ガソリンスタンド	26
죽다	死ぬ	17
준비	準備	16
준비하다	用意する	13
줄이다	減らす	15
줍다	拾う	19
중국	中国	5
~ 중에서	~の中で	24
중학생	中学生	5
즐거움	楽しさ	6
~지?	~だろう？	15
지각	遅刻	21
지갑	財布	14
지금	今	26
지나다	過ぎる	25
지난번	この前	22
지내다	過ごす	21
지도	地図	16
지방	地方	26

지불하다	支払う	22
지켜보다	見守る	23
지키다	守る	22
지하철	地下鉄	16
진지	お食事	17
진학하다	進学する	25
질문하다	質問する	26
짐	荷物	10
집	家, うち	6
집중하다	集中する	22
짧다	短い	23
~쯤	~くらい, ~頃	24
찍다	撮る	9

え

차	お茶	11
참	本当に, 実に	14
창문	窓	9
창쪽	窓際	19
창피하다	恥ずかしい	24
창피해하다	恥ずかしがる	24
찾다	探す	10
채팅	チャット	21
책	本	6
챔피언	チャンピオン	20
~처럼	~のように	22
천	千	7
천만에요.	どういたしまして.	14
천천히	ゆっくり	18
청소	掃除, 清掃	21
~초	~秒	11
~ 초	~(の)初(め)	24
초등학교	小学校	25
최고	最高	25
추워하다	寒がる	24
추위	寒さ	20
축하하다	祝う	19
춘하추동	春夏秋冬	21
출발	出発	11
춥다	寒い	14
취미	趣味	10

170

한국어	일본어	과
~층	~階	7
치안	治安	24
치즈	チーズ	16
친구	友達	5
친절하다	親切だ	23
칠	7	7
칫솔	歯ブラシ	7

ㅋ

카드	カード	16
카메라	カメラ	8
카페	カフェー	13
커피	コーヒー	8
켜다	点ける	10
콜라	コーラ	20
크다	大きい	9
큰일이다	大変だ	24
클라리넷	クラリネット	26
키	背丈	22
키우다	飼う、育てる	13
킬로미터	キロメートル	11

ㅌ

타다	乗る	18
택시	タクシー	5
토요일	土曜日	12
퇴직	退職	20
티브이(TV)	テレビ	21

ㅍ

파충류	爬虫類	26
팔	8	7
팔	腕	11
팔다	売る	13
팬	ファン	21
편리하다	便利だ	24
편안하다	楽だ	23
편의점	コンビニ	5
편지	手紙	15
편찮으시다	ご機嫌が悪い	17
평균	平均	24
평화	平和	6
포장하다	包装する	23
표정	表情	22
푹	ゆっくり	24
풀다	解消する、解く	19
플루트	フルート	26
피곤하다	疲れている	15
피라밋	ピラミット	24
피우다	吸う	10
픽션	フィクション	26
필요 없다	いらない、必要ない	26

ㅎ

~하고	~と	10
하나	一つ	11
하늘	空	20
하다	する	10
하루	一日	11
하지만	けれども	24
학	つる	22
학교	学校	14
학생	学生	5
한~	一つの~	11
한 달	一か月	25
한국	韓国	5
한번	一度、一回	13
한여름	真夏	22
한일사전	韓日辞典	12
한잔 하다	一杯飲む	19
한정식집	韓定食屋	26
~한테	~に	15
~한테서	~から	15
할머니	おばあさん、祖母	23
할아버지	おじいさん、祖父	17
함께	一緒に、ともに	21
해	日、太陽	7
햄버거	ハンバーガー	20
햇빛	日の光	7
헤어지다	別れる	26
현관	玄関	13

현금	現金	23
형	兄、お兄さん	5
～호	～号	7
호수	湖	7
호숫가	湖畔	7
호텔	ホテル	5
혼자(서)	一人で	16
홍차	紅茶	12
화요일	火曜日	12
화장실	トイレ	6
환전하다	両替する	22
환희	歓喜	6
회사원	会社員	5
회의	会議	6
～후	～後	20
후지산	富士山	26
휴가	休暇	11
휴대폰	携帯(電話)	7
휴일	休日	5
흐음	フム	14
희망	希望	6
힘들다	大変だ、難しい	20

단어색인(日韓)

*数字は課数を表します。

あ

愛、恋	사랑	6
相手にする、接する	대하다	23
会う	만나다	9
会う	맞다	19
赤ちゃん、赤ん坊	아기	14
開ける	열다	9
空ける	비우다	10
挙げる、持ち上げる	들다	26
あげる	주다	16
朝	아침	10
あさって	모레	6
あした	내일	6
あそこ	저기	8
遊ぶ	놀다	9
与えられる	주어지다	24
温かい	따뜻하다	20
新しい	새롭다	24
新しい〜	새 〜	21
新しい〜	새로운 〜	6
あちら(側)	저쪽	21
暑い	덥다	14
暑がる	더워하다	24
集まる	모이다	10
後、後ろ	뒤	7
後で	이따가	20
兄、お兄さん	형	5
姉、お姉さん	누나	5
あの〜	저 〜	5
雨水	빗물	7
あまり、それ程	별로	22
雨	비	15
雨の中	빗속	16
アメリカ、米国	미국	5
洗う	씻다	19
あらかじめ	미리	13
ありがたい	고맙다	14
歩く	걷다	9
アルバイト	아르바이트	12
暗記する	암기하다	24
案内する	안내하다	23
いい	좋다	24
いいえ。	아니요.	6
Eメール	이 메일	16
家、うち	집	6
行く	가다	10
いくら	얼마	5
いくらぐらい	얼마쯤	11
医者	의사	6
忙しい	바쁘다	19
急ぐ	서두르다	24
痛い	아프다	24
痛がる	아파하다	24
1	일	7
一度、一回	한번	13
一日	하루	11
市場	시장	13
一番、最も	제일	20
いつ	언제	5
一か月	한 달	25
いつか	언젠가	21
一戸建て	단독 주택	13
一週間	일주일	21
一生懸命、熱心に	열심히	20
一緒に、ともに	같이	22
一緒に、ともに	함께	21
五つ	다섯	11
行ってくる	다녀오다	15
一杯飲む	한잔 하다	19
いつも	늘	21
いない、ない	없다	9
田舎	시골	21
いなくなる、なくなる	없어지다	24
犬	개	13
居眠りをする	졸다	14
今	지금	26
いまや	이젠	24

妹	여동생	10	起きる	일어나다	10
いや	아니	15	置く	놓다	13
嫌だ	싫다	24	置く	두다	13
意欲	의욕	24	億	억	7
いらっしゃる	계시다	17	送る	보내다	15
いらない、必要ない	필요 없다	26	お元気だ	건강하시다	21
いる、ある	있다	9	起こす、目を覚ませる	깨우다	23
入れて置く	넣어 두다	14	お酒	술	12
入れる	넣다	15	幼い	어리다	25
色々(な〜)	여러 가지	14	教える	가르치다	16
祝う	축하하다	19	おじいさん、祖父	할아버지	17
仁川(地名)	인천	6	お食事	진지	17
上	위	14	押す	밀다	17
〜ウォン	〜원	7	遅く	늦게	21
歌	노래	21	お誕生日	생신	17
美しい	아름답다	14	お茶	차	11
腕	팔	11	おっしゃる	말씀하시다	17
海	바다	7	夫	남편	15
海辺	바닷가	7	音、声	소리	26
ウム	으음	12	弟	남동생	5
売る	팔다	13	弟、妹	동생	5
嬉しい	반갑다	5	お歳	연세	17
嬉しい	기쁘다	19	大人	어른	14
嬉しがる	기뻐하다	24	お亡くなりになる	돌아가시다	17
絵	그림	21	お名前	성함	17
映画	영화	9	お願いする、頼む	부탁하다	17
英語	영어	16	おばあさん、祖母	할머니	23
駅	역	16	お箸	젓가락	16
演劇	연극	20	お話し	말씀	17
遠足	소풍	16	おぶう	업다	14
鉛筆	연필	16	覚える	외우다	24
遠慮する	사양하다	26	お土産、プレゼント	선물	8
美味しい	맛있다	10	お目にかかる	뵙다	21
美味しい	맛이 있다	12	面白い	재미있다	22
多い	많다	22	お餅	떡	8
大きい	크다	9	主に	주로	17
大阪	오사카	11	親、両親	부모	6
お菓子	과자	8	お休みになる	주무시다	17
お金	돈	15	終わり	끝	26
小川	시냇물	7	終わる	끝나다	16
お客さん	손님	7	(全て)終わる	다되다	16

| 音楽 | 음악 | 9 |
| オンドル部屋 | 온돌방 | 21 |

か

~課	~과	24
~が	~가	6
~(目上の人)が	~께서	17
~が	~이	6
カード	카드	16
~回、~度	~번	11
~階	~층	7
会議	회의	6
外国	외국	10
外国人	외국인	11
改札口	개찰구	20
会社員	회사원	5
外出する	외출하다	21
解消する、解く	풀다	19
飼う、育てる	키우다	13
変える	바꾸다	23
科学	과학	24
かかる	걸리다	11
カギ	열쇠	8
~が嫌だ	~를 싫어하다	20
~が嫌だ	~을 싫어하다	20
各~	각~	24
描く	그리다	21
書く	쓰다	9
学生	학생	5
かける	걸다	9
傘	우산	6
かじかむ	곱다	14
貸してくれる	빌려 주다	26
歌手	가수	21
貸す、借りる	빌리다	15
~が好きだ	~를 좋아하다	10
~が好きだ	~을 좋아하다	20
風	바람	21
家族	가족	13
ガソリンスタンド	주유소	26
方〈かた〉	분	23
勝つ	이기다	20
~月	~월	7
学校	학교	14
買っていく	사 가다	14
悲しい	슬프다	19
悲しがる、悲しむ	슬퍼하다	24
悲しさ	슬픔	20
かなり、相当	꽤	18
カバン	가방	13
カフェー	카페	13
構わない	괜찮다	15
髪(の毛)、頭	머리	17
髪をとかす	빗다	17
カメラ	카메라	8
火曜日	화요일	12
~から	~부터	11
~から	~에게서	15
~から	~에서	11
~から	~한테서	15
辛い	맵다	14
体	몸	24
刈る	깎다	19
かわいい	귀엽다	14
変わる	바뀌다	26
変わる	변하다	23
考え、思い	생각	26
考える、思う	생각하다	23
歓喜	환희	6
観光客	관광객	23
観光する	관광하다	25
韓国	한국	5
感じる	느끼다	24
関心	관심	22
簡単に	간단히	15
韓定食屋	한정식집	26
韓日辞典	한일사전	12
木	나무	7
議員	의원	14
気温	기온	25
聞く	듣다	9
聞こえる	들리다	23

記者	기자	5	暗い	어둡다	14
期待する	기대하다	22	～くらい、～頃	～쯤	24
北風	삭풍	20	クラリネット	클라리넷	26
議長	의장	6	栗	밤	23
気づく	깨닫다	16	繰り返す	반복하다	13
切符売り場	매표소	13	来る	오다	9
着てみる	입어 보다	19	苦労	수고	15
気に入る	마음에 들다	19	景気	경기	25
希望	희망	6	経済的	경제적	26
君は	넌	20	警察	경찰	16
キムチ	김치	12	携帯(電話)	휴대폰	7
9	구	7	ゲーム	게임	21
休暇	휴가	11	けれども、(そう)だけど	그렇지만	14
休日	휴일	5	けれども	하지만	24
九十	아흔	11	玄関	현관	13
急に	갑자기	23	元気だ	건강하다	24
牛肉	쇠고기	24	研究室	연구실	14
牛乳	우유	13	現金	현금	23
今日	오늘	5	見物する	구경하다	10
教科書	교과서	6	～個	～개	11
教授	교수	5	5	오	7
去年、昨年	작년	25	～後	～ 후	20
慶州〈地名〉	경주	9	恋人	애인	10
嫌う、嫌がる	싫어하다	24	～号	～호	7
切られる、絶たれる	끊기다	24	公園	공원	9
着る	입다	14	航空券	비행기 표(항공권)	22
きれいだ	곱다	14	公衆電話	공중전화	17
きれいだ	예쁘다	23	紅茶	홍차	12
キロメートル	킬로미터	11	高等学校	고등학교	13
銀行	은행	19	高麗人参茶	인삼차	8
銀行員	은행원	5	超える	넘다	25
近所	근처	26	コーヒー	커피	8
金曜日	금요일	12	コーラ	콜라	20
空港	공항	11	ご機嫌が悪い	편찮으시다	17
くし	빗	17	故郷	고향	9
薬	약	18	国際	국제	7
果物	과일	5	国際電話	국제 전화	21
口	입	18	国立	국립	17
靴	구두	19	ここ	여기	6
国の花	국화	21	午後	오후	11
雲	구름	14	九つ	아홉	11

ご自宅	댁	17		寂しさ	외로움	24
後日、将来	뒷날	7		寒い	춥다	14
五十	쉰	11		寒がる	추워하다	24
個性	개성	26		寒さ	추위	20
午前	오전	11		3	삼	7
こちら(側)	이쪽	5		～さん	～ 씨	5
こちらへ	이쪽으로	18		三十	서른	11
国家	국가	7		残念だ	섭섭하다	26
国会	국회	14		詩	시	23
今年	올해	13		～時〈じ〉	～시	11
子供	어린이	23		しあさって	글피	11
子供たち	애들	19		四月	사월	7
この～	이～	8		時間	시간	21
木の葉	나뭇잎	7		試験	시험	22
この前	지난번	22		詩集	시집	14
湖畔	호숫가	7		辞書	사전	6
ご飯、飯	밥	14		自信	자신	16
ご病気	병환	17		静かだ	조용하다	23
これ	이것	6		静かに	조용히	18
これから、前へ	앞으로	14		したい	～고 싶다	21
こんにちは。	안녕하십니까?	5		したがる	～고 싶어하다	21
コンビニ	편의점	5		質問する	질문하다	26
				失礼ですが	실례지만	7
	さ			自動販売機	자동판매기	15
				市内	시내	7
～歳	～살	13		～しに	～러	19
最近、この頃	요즘	12		～しに	～으러	19
最高	최고	25		死ぬ	죽다	17
最後まで	끝까지	24		芝生	잔디	18
財布	지갑	14		支払う	지불하다	22
探す	찾다	10		閉める、閉じる	닫다	16
魚	생선	20		写真	사진	9
下がる	내리다	26		社長(さん)	사장(님)	15
昨日	어제	7		～じゃない(ですか)。	잖아(요).	26
昨夜	어젯밤	24		10	십	7
桜(の花)	벚꽃	23		修学旅行	수학 여행	11
座席	좌석	13		住所	주소	10
～冊	～권	14				
雑誌	잡지	6				
寂しい	쓸쓸하다	24				
寂しい	외롭다	24				
寂しがる	쓸쓸해하다	24				

ジュース	주스	15
集中する	집중하다	22
収入	수입	25
週末	주말	9
授業	수업	12
宿題	숙제	12
宿泊	숙박	16
出発	출발	11
首都	수도	6
主婦	주부	5
趣味	취미	10
寿命	수명	24
春夏秋冬	춘하추동	21
準備	준비	16
紹介する	소개하다	25
小学校	초등학교	25
正午	정오	11
錠剤	알약	18
上手だ	잘하다	22
食事	식사	16
植物	식물	20
女子、女(の人)	여자	20
書店	서점	14
知らない、分からない	모르다	8
知る、分かる	알다	9
新林洞〈地名〉	신림동	10
進学する	진학하다	25
新幹線	신칸센	14
信じる	믿다	16
人生、暮らし	삶	6
親切だ	친절하다	23
新村〈地名〉	신촌	6
心配	걱정	22
シンボル	심볼	26
スイカ	수박	5
水曜日	수요일	12
吸う	피우다	10
スーパー	슈퍼	13
好きだ、好む	좋아하다	24
過ぎる	지나다	25
すぐ	금방	24
少ない	적다	10
少し	조금	18
少しずつ	조금씩	24
過ごす	지내다	21
涼しい	선선하다	22
涼しい	시원하다	21
〜ずつ	〜씩	14
ストレス	스트레스	19
スプーン	숟가락	16
全て、皆	모두	15
スポーツ	스포츠	25
済ませる	때우다	15
すまない	미안하다	21
住む、暮らす、生きる	살다	10
する	하다	10
〜するから。	〜ㄹ게.	23
〜するから。	〜을게.	23
〜するのだ、〜するわけだ〜는 것이다		24
生活	생활	24
成績	성적	22
正門	정문	26
世界	세계	6
背丈	키	22
狭い	좁다	10
ゼロ	공	7
千	천	7
選手	선수	20
先生	선생님	5
仙台	센다이	16
洗濯	세탁	21
先輩	선배	26
全部、皆	다	24
全部、全て	전부	24
掃除、清掃	청소	21
そうだ	그렇다	6
ソウル〈地名〉	서울	6
ソウル大公園	서울대공원	16
そこ	거기	8
卒業	졸업	21
率直だ	솔직하다	23

外	밖	14
そのせいか、そうだからなのか	그래서 그런지	24
そのように	그렇게	17
そば、傍ら	곁	23
空	하늘	20
それ	그것	6
それで	그래서	10
それでは	그럼	19
それでも	그래도	20
それほど	그다지	12
座る	앉다	13

た

~だ	~이다	9
大学院	대학원	25
大学生	대학생	5
大学入学検定試験	대입검정시험	22
大使館	대사관	12
退職	퇴직	20
大変だ	큰일이다	24
大変だ、難しい	힘들다	20
耐える	견디다	20
高い	높다	13
高さ	높이	14
(そう)だから	그러니까	23
抱く	안다	23
沢山	많이	9
タクシー	택시	5
~だけ	~만	18
出す	내다	10
出す、援助する	대다	23
助ける、手伝う	돕다	14
尋ねてみる	물어보다	16
尋ねる	묻다	16
~たち、~ら	~들	14
発つ	떠나다	9
立つ	서다	10
建てる	세우다	10
楽しさ	즐거움	6
タバコ	담배	10

食べ物、料理、飲食	음식	24
食べる	먹다	9
玉子	달걀	6
卵	알	6
たまに	가끔씩	24
誰	누구	6
誰か	누군가	26
誰が	누가	12
誰も	아무도	12
~だろう?	~지?	15
単語	단어	24
だんだん、次第に	점차	24
男子、男(の人)	남자	15
誕生日	생일	6
団体	단체	26
治安	치안	24
小さい	작다	9
チーズ	치즈	16
近い	가깝다	16
地下鉄	지하철	16
遅刻	지각	21
地図	지도	16
父、お父さん	아버지	15
地方	지방	26
チャット	채팅	21
チャンピオン	챔피언	20
中学生	중학생	5
中国	중국	5
昼食、昼	점심	11
兆	조	7
挑戦者	도전자	20
ちょっと	좀	10
掴む	잡다	14
疲れている	피곤하다	15
次の~	다음 ~	18
次の日、翌日	다음날	24
作る	만들다	9
つくろう	깁다	14
点ける	켜다	10
梅雨	장마	21
強い	세다	10

179

つる	학	22	童話	동화	25	
手	손	19	遠い	멀다	11	
～で	～로	16	時〈とき〉、～の時	때	8	
～で	～으로	16	読書	독서	26	
出会い	만남	6	時計	시계	8	
～である方、～する方	～는 쪽	26	どこ	어디	5	
定刻、丁度	정각	11	どこで	어디서	12	
定年	정년	20	どこにも	아무데도	12	
手紙	편지	15	床屋	이발소	19	
～てください。	～세요.	13	所	곳	8	
～てください。	～으세요.	13	ところで	그런데	12	
手帳	수첩	6	登山	등산	20	
出ていく、出かける	나가다	21	歳	나이	17	
出てくる、出る	나오다	11	図書館	도서관	19	
デパート	백화점	19	とても、非常に	아주	21	
～ではない	～가 아니다	9	どなた	어느 분	15	
～ではない	～이 아니다	9	どの～	어느 ～	8	
～でも	～라도	23	どのように、どういうふうに			
～でも	～이라도	23		어떻게	12	
テレビ	티브이(TV)	21	飛ぶ	날다	14	
天気	날씨	24	友達	친구	5	
電車	전철	16	土曜日	토요일	12	
電話	전화	9	ドラマ	드라마	13	
電話する	전화하다	12	鳥	새	13	
～と	～과	10	とりあえず、まず	우선	16	
～と	～와	10	鶏肉	닭고기	24	
～と	～랑	10	撮る	찍다	9	
～と	～이랑	10	東大門	동대문	6	
～と	～하고	10	どんな～	어떤 ～	20	
～度	～도	25				
ドイツ	독일	5	## な			
トイレ	화장실	6				
十(とう)	열	11	中	속	14	
どう?	어때?	19	長い	길다	17	
どういたしまして。	천만에요.	14	泣く	울다	23	
東京	도쿄	6	梨	배	5	
峠	고개	7	なぜ、どうして	왜	12	
峠の道	고갯길	7	夏	여름	20	
冬至	동지	24	懐かしい	그립다	25	
動物	동물	20	懐かしがる	그리워하다	24	
当分の間	당분간	18	7	칠	7	
			七十	일흔	11	

七つ	일곱	11	脱ぐ	벗다	17
何	무엇	6	値切る	값을 깎다	22
なに	뭐	25	ネコ	고양이	15
何も	아무것도	12	値段	값	5
何を	무엇을	12	熱	열	18
何を	뭘	9	寝る	자다	11
名前	이름	9	～年	～년	7
生ビール	생맥주	13	(も)の	것	8
習う、学ぶ	배우다	10	～の	～의	6
成田	나리타	11	～の間	～ 동안	25
なる	되다	10	(も)のが	게	8
何～	몇 ～	7	～の家族/～の家	～네	11
何月	몇 월	9	残り	나머지	24
南大門	남대문	6	残る	남다	10
何日	며칠	9	載せる、積む	싣다	16
何の～	무슨 ～	12	～のために	～ 때문에	21
～(目上の人)に	～께	17	～のです。	～ 겁니다.	8
～に、～から	～에게	15	～のですか。	～ 겁니까?	8
2	이	7	喉、首	목	18
～に	～한테	15	～の中で	～ 중에서	24
～に関する～	～에 관한 ～	26	～のほとり	～가	7
肉	고기	20	飲む	마시다	10
憎い	밉다	24	～のように	～같이	12
憎む	미워하다	24	～のように	～처럼	22
西、西側	서쪽	21	海苔	김	13
二十	스물	11	乗り換える	갈아타다	18
二十の～	스무 ～	11	乗る	타다	18
～日	～일	7	ノンフイクション	논픽션	26
日曜日	일요일	9			
日韓辞典	일한사전	12	**は**		
日記	일기	9			
～になる	～가 되다	21	～(目上の人)は	～께서는	17
～になる	～이 되다	21	～は	～는	5
日本	일본	5	歯	이	7
日本語	일본말	15	葉	잎	7
荷物	짐	10	はい	네	5
入場券	입장권	13	～杯	～잔	13
鶏	닭	6	バイト	알바	12
人気	인기	13	俳優	배우	24
人情	인정	22	入る、入って行く	들어가다	18
～人分	～인분	13	計る	재다	10
			～泊～日	～박～일	24

履く	신다	21	東, 東側	동쪽	21
歯茎	잇몸	7	光	빛	7
博物館	박물관	17	〜匹	〜마리	13
〜(の)初(め)	〜초	24	引き出し	서랍	14
走る	달리다	14	低い	낮다	24
走る	뛰다	11	飛行機	비행기	14
バス〈bus〉	버스	5	ビザ	비자	10
バス〈bass〉	베이스	26	久しぶりに	오래간만에	19
恥ずかしい	수줍다	14	非常口	비상구	5
恥ずかしい	창피하다	24	人, 〜人	사람	5
恥ずかしがる	창피해하다	24	一つ	하나	11
パスポート	여권	8	一つの〜	한〜	11
バター	버터	16	一人で	혼자(서)	16
働く, 仕事をする	일하다	10	日の光	햇빛	7
8	팔	7	ビビンバ	비빔밥	25
八十	여든	11	秘密	비밀	15
爬虫類	파충류	26	百	백	7
発音	발음	14	費用	비용	23
罰金	벌금	25	〜秒	〜초	11
発達	발달	24	病気	병	13
発表	발표	11	表情	표정	22
花	꽃	15	ピラミット	피라밋	24
話	말	17	昼	낮	23
話	얘기	23	昼休み	점심 시간	11
話す, 言う	말하다	10	広い	넓다	26
話す, 言う	얘기하다	10	拾う	줍다	19
母, お母さん	어머니	5	広げ(てみ)る	벌려 보다	18
歯ブラシ	칫솔	7	勉強する	공부하다	10
速く, 早く	빨리	14	ファン	팬	21
早く	일찍	10	不安がる	불안해하다	24
春	봄	20	不安だ	불안하다	24
半(30分)	반	11	フィクション	픽션	26
〜番	〜번	13	夫婦	부부	21
パン	빵	9	吹く	불다	21
番号	번호	13	釜山〈地名〉	부산	13
ハンバーガー	햄버거	20	富士山	후지산	26
半分	반	24	二つ	둘	11
日	날	25	二つの〜	두〜	11
日, 太陽	해	7	豚肉	돼지고기	24
比較的	비교적	14	二人で	둘이(서)	10
日傘	양산	6	普通	보통	16

太い	굵다	26
フム	흐음	14
冬	겨울	20
ブラシ	솔	7
フルート	플루트	26
プルコギ	불고기	13
風呂に入る	목욕(을) 하다	18
～分	～분	11
文化	문화	6
文章	문장	13
文法	문법	14
文房具屋	문방구점	26
平均	평균	24
平和	평화	6
部屋	방	7
減らす	줄이다	15
勉強	공부	9
便利だ	편리하다	24
包装する	포장하다	23
ボーイフレンド	남자 친구	15
ボーリング	볼링	19
ボールペン	볼펜	16
細い	가늘다	26
ホテル	호텔	5
ほとんど	거의	25
ほとんど	대부분	26
～本	～병	7
本	책	6
本当(に)	정말	14
本当に、実に	참	14

ま

～枚	～장	13
毎年	매년	13
毎日	매일	11
前	앞	26
前	전	11
ましだ、よい	낫다	25
また	또	19
まだ	아직	14
まだまだだ	아직 멀었다	14

マッコリ	막걸리	23
～まで	～까지	11
窓	창문	9
窓際	창쪽	19
真夏	한여름	22
ママ	엄마	15
守る	지키다	22
まるで	마치	22
万	만	7
漫画	만화	25
マンション、アパート	아파트	13
磨く	닦다	21
みかん	귤	5
短い	짧다	23
水	물	7
湖	호수	7
店	가게	22
道	길	7
三つ	셋	11
三つの～	세 ～	11
皆さん	여러분	24
見守る	지켜보다	23
耳	귀	7
耳の病	귓병	7
見る、観る	보다	9
民俗村	민속촌	21
皆	다들	21
昔	옛날	25
剥く	깎다	23
ムクゲ	무궁화	21
むしろ	오히려	24
難しい	어렵다	14
六つ	여섯	11
無理する	무리하다	18
水冷麺	물냉면	23
～名	～명	11
～名様	～분	13
メートル	미터	26
メガネ	안경	8
覚める	깨다	10
召し上がる	드시다	17

183

召し上がる	잡수시다	17	予定	예정	25
免税店	면세점	7	四人で	넷이(서)	21
〜(目上の人)も	〜께서도	17	読む	읽다	12
〜も	〜도	5	予約する	예약하다	12
もう、既に	벌써	24	余裕	여유	26
もう	이제	24	〜より	〜보다	20
もう一度	다시 한 번	7	〜よりは	〜보다는	20
申し上げる	말씀드리다	17	〜よりも	〜보다도	20
もう少し	좀 더	14	夜	밤	7
木曜日	목요일	12	4	사	7
文字	문자	15	四十	마흔	11
もしもし。	여보세요.	17			
持つ、持ち上げる	들다	19	**ら**		
もっと	더	20			
物、品物	물건	22	来年	내년	13
もらう、受ける	받다	15	楽だ	편안하다	23
			リムジンバス	리무진 버스	20
や			留学	유학	21
			寮、寄宿舎	기숙사	10
焼く	굽다	14	両替する	환전하다	22
約束する	약속하다	12	料金	요금	11
野菜	야채	10	領事館	영사관	19
優しい	상냥하다	23	両親、ご両親	부모님	14
易しい、簡単だ	쉽다	14	両方	양쪽	26
安い	싸다	22	料理	요리	22
(学校の長期)休み	방학	11	旅館	여관	5
休む	쉬다	12	旅行	여행	6
八つ	여덟	11	旅行者小切手	여행자 수표	23
やはり	역시	14	リンゴ	사과	5
友情	우정	6	隣人、隣(近所)	이웃	6
郵便局	우체국	5	0、ゼロ	영	7
雪	눈	14	零時、夜の12時	자정	11
ゆっくり	천천히	18	冷麺	냉면	20
ゆっくり	푹	24	歴史	역사	6
(試験で)よい成績を収めることが出来ない			〜れば	〜면	24
	시험을 못 보다	22	〜れば	〜으면	24
用意する	준비하다	13	連絡	연락	16
欲	욕심	26	連絡先	연락처	21
よく	잘	14	連絡する	연락하다	12
横たわる	눕다	14	老後	노후	21
四つ	넷	11	6	육	7
四つの〜	네 〜	17	6月	유월	7

| 六十 | 예순 | 11 |

わ

分かりました。	알겠습니다.	18
別れる	헤어지다	26
和食	일식	19
忘れてしまう	잊어버리다	24
わたし、私	저	5
わたしが、私が	제가	23
わたしの〜、僕の〜	내〜	8
わたしの〜、私の〜	제〜	8
わたしは、僕は	난	9
ワニ	악어	26
我々	우리	6

を

| 〜を | 〜를 | 9 |
| 〜を | 〜을 | 9 |

金東漢(キム・トンハン)

韓国ソウル生まれ。東京大学准教授。
一橋大学講師、NHKラジオハングル講座入門編・応用編講師などを歴任。
著書に、『大学韓国語演習』(白帝社)、『韓国語レッスン初級』Ⅰ&Ⅱ、
『韓国語レッスン初級』Ⅰ&Ⅱの『問題集』(以上スリーエーネットワーク)、
『ことわざと四字熟語で楽しむハングル日常会話』(NHK出版)、
『韓国語基本単語 プラス2000』(語研)、など。

積み重ね式 **韓国語総合** 初級

2015 年 3 月 31 日　初版発行

著　者　　金東漢
発行者　　佐藤康夫
発行所　　株式会社　白帝社
　　　　　〒171-0014 東京都豊島区池袋 2-65-1
　　　　　電話 03-3986-3271　FAX 03-3986-3272
　　　　　http://www.hakuteisha.co.jp
組版　　　世正企劃
印刷　　　平文社　　製本　若林製本

カバーデザイン　アイ・ビーンズ

Printed in Japan〈検印省略〉　　ISBN978-4-86398-186-7

＊定価はカバーに表示してあります。